PAINLESS AFRIKAANS

PAINLESS AFRIKAANS

George Holloway

Juta & Co, Ltd

First Published 1975
Ninth Impression 1992

© Juta & Co, Ltd 1975
PO Box 14373, Kenwyn 7790

This book is copyright under the Berne Convention. In terms of the Copyright Act, No 98 of 1978, no part of this book may be reproduced or transmitted in any form or by any means, electronic or mechanical, including photocopying, recording or by any information storage and retrieval system, without permission in writing from the Publisher.

ISBN 0 7021 0596 1

PRINTED AND BOUND IN THE REPUBLIC OF SOUTH AFRICA
BY DUNCAN WULF PRINTING, WETTON, CAPE

INTRODUCTION

The best way to learn a new language is to speak it. Many South Africans have learnt Afrikaans at school for 12 years; have passed all their examinations, but are still "beginners" when it comes to speaking everyday Afrikaans. In some communities the opportunities to speak Afrikaans are limited, but nothing which is worthwhile comes without effort: You are urged to make opportunities where they do not readily exist.

English and Afrikaans stem from the Germanic group of languages. Many words are similar in meaning and spelling, e.g. pot, arm, water, sing, lamp, pen, dam . . . road signs, notices, advertisements, streets, names, etc. . . . are usually displayed in both languages. The Bible corresponds verse by verse in most languages. All these factors can help the beginner to learn Afrikaans more quickly, but the secret is still to **pronounce** *each new word,* **use** *it in a sentence,* **practise** *on your friends, your children, your servants, colleagues. Make this a* **daily** *effort.*

This booklet exploits the similarity between English and Afrikaans. Any person with a knowledge of English should be able to learn Afrikaans painlessly by following these lessons. Immigrants who wish to make this country their home, and scholars who must learn Afrikaans within a time limit, should find in this booklet a stimulus and a means of overcoming their fear and self-consciousness in learning a new language.

These lessons have been tested over the past year on members of the Sugar Industry, and it has been proved that it is possible to conduct easy conversational Afrikaans with a fair degree of confidence after studying these lessons intensively for one week.

The contents of this book have been arranged in such a way that the student can teach himself. The instructive material takes up the first 82 pages and the answers can be found in the latter half of the book, numbered from page a1 to page a41. At the back, students will find a vocabulary list containing most of the words used in the foregoing part of the book.

I would suggest that students themselves try to supply the answers to questions first without referring to the answers in the book, and then as a test, refer to the answers.

May I wish you luck and lots of fun and may this book help you to learn Afrikaans painlessly to such an extent that you will follow it up by tackling work of a more advanced nature.

The author was for 25 years a teacher and principal of schools, during which time he made bilingualism a hobby.

As Education Adviser to the Sugar Industry he had ample opportunity to try out his methods on hundreds of immigrants from all parts of the world.
He is still actively involved in applying the material of this book in his capacity as Personnel Training Manager in the Nedsual Group.

CONTENTS

	PAGE
Tests 1–4	1
Pronunciation	
Introduction	2
Consonants	3
Word Construction	3
Vowels	4
Vowel combinations	5
Tests 1 + 2	5
Observation Tests 1 + 2	6
Person	7
Word Order	7
Possessive Forms	8
Greeting	8
Verb—Tense	9
Vocabulary—Verbs	11
The Double Negative	14
Questions	14
Word Order	15
Prepositions	16
Plurals	18
Time	20
Adjectives	20
Past Tense ,,is'' ,,was''	21
Forms of Address	21
Bywoorde (Adverbs)	22
Voegwoorde (Conjunctions)	23
Toe/Dan	24
Ken/Weet	25
Hou van	25
Syfers (numbers)	26
Het (to have)	27
Word (is being)	27
Voegwoorde	27
Graag	28
Kry (get)	28
Die Telefoon	29
Toetse i–iii	29

Vocabulary

	PAGE
Die Huis	32
Kos en Drank	33
Vrugte en Groente	33
Wat ons Dra	33
Huiswerk	34
Die Skool	34
Speel	35
Op die Plaas	35
By die See	36
Op Reis	36
Inkopies	37
In die Tuin	37
Die Weer	38
Vermaak	38
Sport	39
Mense se Werk	39
My Liggaam	40
Kamers en Geboue	41
Tyd	41
Beskrywing van Mense	42
Die Natuur	42

Begrip (Comprehension)

Die Fiets	43
Eekhorinkies	43
Oestyd op 'n Koringplaas	44
Oestyd op 'n Suikerplaas	44
Kinders	45
Salms	45
Die Oesfees	46
Rekenkunde	46
Visskuite	46
Steenkool	47
Rys	47
Skottelgoed was	47
Teemaak	48
In die Dorp	48
Spinnekoppe	49
Die Broeis hen	49
Robbe	49
Ape	50

	PAGE
Insekte	50
Die Dieretuin	51
Die Wildtuin	51
Klere	51
Uile	52
Olifante	52
Egipte	53
Tennis	53
Kameelperde	53
Koeie	54
Reën	54
Ruimteskepe	55
Volstruise	55
Honde	56
Tee	56
Gaar kos	57
Hout	57
Tande Borsel	58
Die Kerk	58
Voor die eerste Mens	58
Pikkewyne	59
Rietdakke	59
Kullery	60
Die Hospitaal	60
Vlermuise	61
Sy	61
Huise	62
Piesangs	62
Walvisse	63
Pigmeë	63
Jan Van Riebeeck	64
Huisbou	64
Grappies	65
Die Stem	65
Sarie Marais	66
Vliegtuie	66
Die Verkleurmannetjie	67
Miere	67
Pottebakkery	68
Papier	68
Kamele	69
Business Reception Phrases—Sake-ontvangs	70

	PAGE
Hotel Reception Phrases—Hotel-ontvangs	70
Telephone—Telefoon	71
Menus—Spyskaarte	72
Slot	84
Antwoorde	a1–a35
Woordeskat—Vocabulary	(i)–(xvi)

Test 1

Test your knowledge of Afrikaans. Translate the following sentences into English. Most of the words used are similar in both languages. Do not use a dictionary.

CLUES: Personal pronoun **I** = **Ek** in Afrikaans
the = **die** (pronounced like **dy** in brandy)
a = **'n** (pronounced exactly alike)

1. My naam is Jan.
2. Ek sit in die water.
3. Die water is in die dam.
4. Die dam is vol water (vol = full of).
5. Die son is warm.
6. Ek slaap in die son.
7. Die man is 'n student.
8. Die student is intelligent.
9. Hy is blind.
10. Die man het 'n pen (het = has).

(Antwoorde op bladsy a1)

Test 2

Test your knowledge of Afrikaans. Translate the following sentences into English. Do not use a dictionary.

CLUES: **stoel** = **stool** or **chair**
tafel = **table**
op = **on**

1. In die pen is ink.
2. Ek sit op 'n stoel.
3. Die stoel is by die tafel.
4. Die lamp staan by my bed.
5. Ek sien die letters in die boek (sien = see).
6. In die atlas vind ek Suid-Afrika.
7. Ek kan in Afrikaans sing.
8. Dit is 'n groot land (groot = great or big).
9. Ek drink melk, koffie, tee en bier.
10. Ek eet brood, appels, tamaties en rys.

(Antwoorde op bladsy a1)

Test 3

Test your Afrikaans. Translate the following sentences into English. Do not use a dictionary.

1. Dit is my land, Suid-Afrika.
2. Daar is petrol in die motor se tenk (daar = there).
3. Die bus staan by die terminus.
4. Die teller is in die bank.
5. Waar is my permit?
6. Die dame sing in die klub.
7. Daar is lyne in die palm van my hand (van = of).
8. Die lantern is in die hut.
9. Hy is my opponent.
10. Die man sit op die sand by die see.

(*Antwoorde op bladsy a1*)

Test 4

Test your Afrikaans. Translate into English.

1. Die senior student drink 'n glas bier.
2. **Hy** en **sy** sit op die sofa (he and she).
3. **Vrydag** is die **vyfde** dag van die week (Friday, fifth).
4. Daar is vier weke in Februarie.
5. Hy was dronk, nou is hy sober.
6. Die president is by die party.
7. Hy het 'n silwer ring aan sy vinger.
8. Die motor het 'n battery en 'n **toeter** (hooter).
9. Die tent is in die park.
10. Hy het 'n moderne motor.

(*Antwoorde op bladsy a1*)

PRONUNCIATION
Introduction

Note: 1. Afrikaans is almost entirely phonetic and is pronounced as it is written.
2. Afrikaans has no silent letters. Every letter is pronounced.
3. Only three letters, viz. b, d and g, vary in sound depending upon their position in a word.
4. The Afrikaans alphabet is the same as in English. The letters c, q, x and z are very seldom used.
5. Consonants are sounded exactly as in English with a few exceptions—(B, D, G) and (J, K, L, R, V, W).

B. Pronounced like b in English except at the end of a word when it sound like the English p; e.g. **klub** sounds like **klup**.
D. Like English, but at the end of a word it sounds like t; e.g. **bed** in Afrikaans sounds like **bet** in English.
G. Sounded like ch as in **loch** (Scottish): Practise—dag, gas, nag (night). When g is preceded by r or l and followed by e, it sounds like g in English **go**; e.g. berge (bergs, mountains) and gevolge (result).

Practise: 1. Rob, tob, skub, klub: b = p.
2. Bed, blind, red, pad, bad: d = t.
3. (*a*) Gaan, nag, dag, vrag, groot, gaaf, begin.
(*b*) Berge, burger, gevolge.

Consonants

These consonants differ slightly from the English.

J. Sounds like Y in yes: Januarie, jakkals, ja, jaar.
K. Used instead of C: koffie, kerk, koek, konsul.
L. This is always sounded: kalm is pronounced as **kallem**.
R. This is always sounded: warm is pronounced as **warrem** and is rolled, not silent as in English "try".
V. Sounded like F in English: vis, vir, vind.
W. Sounded like V in English: warm, wind, werk, wat.
GH. Combination to sound like g in golf: gholf in Afrikaans sounds exactly the same as golf in English: ghries, ghienie.
KS. Combination to sound like X in sex: ekstra, ekskuus, eksamen.
KW. Combination to sound like q in quest: kwaad, kwas.
SJ. Combination to sound like sh in shoe: sjef, sjerrie, sjeik, masjien.
TJ. Combination to sound like ch in chop: tjek, tjank, tjello.
N. When found within a word is usually pronounced nasally: gans, dans.

Practise the examples given in front of a mirror.

Word Construction

A closed syllable ends in a consonant, e.g. man.
Voor/trek/ker has 3 closed syllables.
An open syllable ends in a vowel, e.g. wa (wagon).
The number of syllables is determined by the number of vowel sounds.
Each syllable in Afrikaans is pronounced, e.g. dame (lady) has two syllables—both open and both pronounced, e.g. da—me, bla–re (leaves), tra–ne (tears), treine (trains), huise (houses).

Long vowels are doubled in closed syllables to indicate their length. This is not the case in open syllables, e.g. maan (moon) (closed), but wa–ter (long a in wa which is open).

Another example would be the singular and plural of English **pole**. Pole = paal in Afrikaans (long—closed); pale (long a and open). In both **paal** and **pale** the **a** sound is the same, but written differently. The **e** after pale is a short sound, although it is open. The same applies to prefixes **be-** and **ge-** where **e** is short although it is open e.g. begin, gesig (face).

Practise writing these words with open and closed syllables. Form plurals of the following words by dropping one vowel in open syllables and adding an **e** at the end.

Paal, saal, maan, boom, kaas, potlood.

(*Antwoorde op bladsy a1*)

Vowels

a (short)	pronounced like	u in nun: man, kan, lamp, sal, bank.
a (long)	pronounced like	a in father: vader, daar, maar, water, later.
e (short)	pronounced like	e in pen: nes, het, weg, hen, tel.
e (long)	pronounced like	ee in beer: gee, leen, seer, neef, bene.
e (weak)	pronounced like	e in water: water, pale, bokke, terug, begin.
(short)	pronounced	slightly shorter than e in water: in, is, spring, ink, dit.
i (long)	pronounced like	i in ambition: polisie, ambisie, dirigent, kondisie.
o (short)	pronounced like	aw in law but shorter: rot, kok, bos, donkie, bot.
o (long)	pronounced like	oo in moor: roker, tone, boom, spook, doring.
u (short)	pronounced like	y in abyss with lips rounded and forward: bus, ruk, hut, lus.
u (long)	pronounced like	u in mur (which is French) muur, skuur, nuut, suur.
y (short)	pronounced like	ay in bay: by, my, kry, asyn, wyn, lyn.
ô (long)	pronounced like	aw in saw: môre, sôre.
ê (long)	pronounced like	e in hen: sê, hê, lê.

Pronounce these examples given in front of a mirror. Practise them on your friends. Find their meanings in a dictionary. Construct simple sentences containing these words.

Vowel Combinations

ai	(short)	pronounced like	i in like: baie, latjie, stadjie, (staikie).
aai	(long)	pronounced like	y in why: laai, fraai, slaai, baai-broek.
ei	(short)	pronounced like	y in May: brei, klein, trein, eiland, seil.
eu	(long)	pronounced like	u in allure: deur, neut, reuk, gebeur, geur.
ie	(short)	pronounced like	y in brandy: bier, skiet, sien, lied, geniet.
oe	(short)	pronounced like	oo in book; boek, koek, soen, loer, voer.
oei	(short)	pronounced like	oui in Louis but shorter: roei, stoei, foeitog, goeie.
oi	(short)	pronounced like	oy in gloy but shorter: otjie, boikot, rotjie (roikie).
ooi	(long)	pronounced like	oy in gloy but longer: kooi, mooi, rooi, strooi.
ou	(long)	pronounced like	ow in glow: hout, vou, sout, koud.
ui	(long)	pronounced like	ay in May but with rounded lips: ruik, huis, suid, druiwe.
tjie and djie		pronounced like	key in whisky and preceded by i as in gloy.
ë			The diaeresis indicates a division between two vowels to give two sounds instead of one: hoe is one sound: hoë has two sounds.

This concludes pronunciation. Practise these lessons daily in front of a mirror.

Pronunciation Test 1

Opposite the list of Afrikaans words given below, write down an English word with the same or nearly the same **pronunciation**. At this stage, ignore the meanings of these words, only test for **sound**.

ander	vas	ma
bank	ver	maak
bed	voel	mak
bel	hand	Mei
bitter	hoek	mes
blou	hy	met
boek	kam	middel
bou	koud	mielie
brand	kyk	minister
brief	lamp	mislei

by	lang	my
dan	les	myl
elf	letter	myn

(*Antwoorde op bladsy a1*)

Pronunciation Test 2

Opposite the list of Afrikaans words given below, write down an English word with the same or nearly the same **pronunciation**.

nat	seer	nek
senior	net	siek
ou	sin	paar
sit	pad	skyn
pen	sou	pyn
spek	rand	spyt
reis	slaai	ryk
tee	ryp	tel
sak	tent	ys
tjank	Zoeloe	tjek

(*Antwoorde op bladsy a1*)

Observation Test 1

Walking down Smith Street in Durban, I saw the following Afrikaans words and their English equivalents. See whether you can find the English without referring to a dictionary.

asseblief	gang	reise
dankie	ingang	dames
straat	verbode	here
bouvereniging	draai	slegs
oord	stilhou	blankes
kantoor	uur	besoekers
gebou	derdeparty	buro
versekering	apteek	deurloop
assuransie	gemagtig	inligting
maatskappy	verkoop	telefoon

(*Antwoorde op bladsy a2*)

Observation Test 2

A visit to the post office revealed the following Afrikaans word and their English equivalents. Fill in the English without referring to a dictionary.

poskantoor	huur	spaarsertifikate
pos	lenings	posseëls
vroeg	nasionale	inkomste
hier	behuising	massapos

waarskuwing	snippermandjie	sekuriteit
navrae	gesluit	telegram
spaarbank	stoot	rentevry
radiolisensies	oos saal	groete
posorders	wes saal	rekeninge
poswissels	spaarkrag	aanname
nuusblaaie	briewe	pakkette
pensioene	betalings	aflewering

(*Antwoorde op bladsy a2*)

PERSON

You now have all the equipment to enable you to read Afrikaans correctly. Start reading immediately: Newspaper headings, simple books, advertisements, notices, signs, road signs, names of streets, buildings, offices, etc.

Go back to your simple sentences on the first few pages and read them correctly. You know their meanings already. Practise daily. In English the form of the verb changes. In Afrikaans the verb remains the same for every person, singular and plural.

English	*Afrikaans*
I	ek
you	jy
he, she, it	hy, sy, dit
we	ons
you	julle
they	hulle

Add the verb "eet" and the object "appels".

Ek **eet** appels; jy **eet** appels; hy **eet** appels; sy **eet** appels; dit **eet** appels; ons **eet** appels; julle **eet** appels; hulle **eet** appels.

Now construct simple sentences in every person by using the following verbs which are similar to English; keep to the English word order.

sing, drink, swem (swim), lê (lie), hoor (hear), sit, is, sien, staan.

(*Antwoorde op bladsy a2*)

WORD ORDER

(*a*) If a sentence in Afrikaans begins with the subject, the word order is the same as in English, e.g.
Ek lees 'n boek.
Die man eet 'n appel.
My suster is mooi (pretty).

(b) If a sentence in Afrikaans does not begin with the subject, the verb is placed before the subject, e.g. (The verb or auxiliary verb is usually the second part of a sentence.)
(In die dam) **is** water.
(By die bed) **staan** 'n lamp.
(Op die tafel) **lê** die boek.

Rewrite these simple sentences beginning with the word in bold type.
1. Die motor ry **in** die straat.
2. Die water is **in** die beker.
3. Ek gaan **môre** bioskoop toe.
4. Die man staan **voor** die bus (in front of).
5. Die tafel staan **voor** my bed.

(*Antwoorde op bladsye a2*)

POSSESSIVE FORMS

Dit is **my** boek. Die boek is **myne** (mine). Die boek behoort (belongs) aan **my**.
Dit is **jou** pen. Die pen is **joune** (yours). Die boek behoort aan **jou**.
Dit is **sy** stoel. Die stoel is **syne** (his). Die stoel behoort aan **hom**.
Dit is **haar** rok (dress). Die rok is **hare**. Die rok behoort aan **haar**.
Dit is **ons** huis. Die huis is **ons** s'n (ours). Die huis behoort aan **ons**.
Dit is **julle** motor. Die motor is **julle** s'n (plural: yours). Die motor behoort aan **julle**.
Dit is **hulle** kat. Die kat is **hulle** s'n (theirs). Die kat behoort aan **hulle**.
Note **s'n** denotes possession in the plural of the pronoun.
A little bit of confusion to unscramble—see if you can: **He** and **she** in Afrikaans are **hy** en **sy**. However, **sy** also shows **his** possessions (see above).

Exercise: Translate into English.

Hy en sy het gaan swem. Hy het sy voet gestamp (bumped) en sy het haar balans verloor (lost) en in die water geval (fell). Hy het haar hand gegryp (clutched) en haar gered (saved). Sy het hom 'n soen op sy mond (mouth) gegee (gave). Hulle het na hulle huise gestap (walked).

(*Antwoorde op bladsy a2*)

GREETING

morning = môre
day = dag
afternoon = middag of namiddag
evening = aand
night = nag

When saying hallo! you would say:
Goeiemôre, goeiedag, goeiemiddag, goeienaand.
When saying good-bye! at night you would say:
Goeienag.
More good-byes— tot siens (see you again); vaarwel (good-bye).

Other courtesies: asseblief, dankie,
verskoon my (pardon),
slaap gerus (sleep well),
aangename kennis (how do you do),
hoe gaan dit? (how are you?).

Reply: goed dankie, baie goed dankie,
dit gaan sleg (not well).

Translate into Afrikaans:
This is John. This is Peter. How do you do? Good morning. How are you? Very well, thank you. How are you? I feel bad.

(*Antwoorde op bladsy a2*)

THE VERB

Present Tense

In English one would say: I sing; I am singing; I do sing.
In Afrikaans the verb remains the same in all three cases: **Ek sing**.
This makes Afrikaans very easy, as we also noticed when we did *person*.

Now translate into Afrikaans: **The form of the verb does not change:**
1. She eats an apple.
2. She is reading a book.
3. **Do** you see the cat? (The auxiliary verb is the first word in this interrogative sentence.)
4. She does read a book.
5. Peter and John are eating.
6. **Are** Peter and John eating?
7. **Do** they play rugby?
8. The man is standing at the bus stop.
9. **Are** we going to swim?
10. We are going to swim.

Note: When a sentence is a question, the verb or auxiliary verb is usually the first word in the sentence.

(*Antwoorde op bladsy a2*)

Past and Future Tense

PAST TENSE—VERLEDE TYD

Once more, Afrikaans is simpler than English, e.g.
   The student learned yesterday.
   The student has learnt yesterday.   Die student **het**
   The student did learn yesterday.   gister **geleer**.
   The student was learning yesterday.

Het is the auxiliary verb. **Ge-** usually denotes past tense. Note that the verb moves to the end of the sentence (leer).

FUTURE TENSE—TOEKOMENDE TYD

   The student **will learn** tomorrow.   Die student **sal** môre leer.
   I **shall learn** tomorrow.   Ek **sal** môre **leer**.

Once more, Afrikaans does not change. The verb again moves to the end of the sentence and **"sal"** is the auxiliary verb.

Translate—Vertaal:
1. Ek het 'n boek gelees.
2. Ek het die melk gedrink.
3. I saw a cat.
4. He saw a donkey.
5. She spoke Afrikaans.
6. Ek sal môre die boek lees.
7. Hy sal môre gaan swem.
8. Ek wil (want to) Afrikaans leer (learn).
9. Ek sal môre kerk toe (to church) gaan.
10. Hy sal môre kerk toe gaan.

(*Antwoorde op bladsy a3*)

Past Tense

You have learnt from previous lessons that "ge" usually indicates past tense. The auxiliary verb "het" usually accompanies "ge", e.g.

   Die seun **het** voetbal **ge**speel.

There are, however, exceptions to this rule: Words beginning with "be-", "ge-", "her-", "er-" "ont-" and "ver-" only use the auxiliary verb "het" but no "ge-" is added, e.g.

   Hy **het** met sy werk **begin**.
   Dit **het** hom **geluk** om die werk te kry (He was fortunate...).
   Hy **het** voor die magistraat **erken** dat hy **gesteel** het (admit).
   Hy **het** sy vriend na baie jare weer **herken** (recognise).
   Hy **het** sy vrou se verjaarsdag **ont**hou.
   Hy **het** met die jare baie **ver**ander.

Use your dictionary to look up the meanings of the following words. Use them in sentences in the past tense, and practise them on your friends.

Ontken, ontbind, ontdek, onthaal, ontplof, ontruim, ontslaan, ontvang, ontvoer, ontmoet, berig, herhaal, verrig.

(*Antwoorde op bladsy a3*)

VOCABULARY

Verbs

Here is a list of common verbs in daily use. You know how to employ verbs in the three main tenses. You also know a number of nouns. You can now begin sentence construction.

bak	— bake	betaal	— pay
beantwoord	— answer	bind	— bind
bedank	— thank	boer	— farm
bedien	— serve	borsel	— brush
begin	— begin	bou	— build
bel	— ring (telephone)	brand	— burn
besluit	— decide	dans	— dance
besoek	— visit	deel	— divide
bespreek	— discuss, reserve (seats)	dink	— think
bestel	— order		

Construct very simple sentences—3 or 4 words only—containing a personal pronoun or noun, a verb, an object, e.g. Anna bak brood; Ek bak brood. Try each main tense, e.g.

Ek bak brood.　　　　　Teenwoordige Tyd
Ek het brood gebak.　　Verlede Tyd
Ek sal brood bak.　　　Toekomende Tyd

Use each of the above verbs in this way. Should you have any difficulty, go back to pages 9 and 10.

(*Antwoorde op bladsy a3*)

More Verbs

doen	— do	geniet	— enjoy
dra	— carry	gesels	— talk
drink	— drink	glo	— believe
droog	— dry	gooi	— throw
eet	— eat	groei	— grow
erken	— acknowledge	groet	— greet

gaan	— go	haal	— fetch
gebeur	— happen	hardloop	— run
gebruik	— use	help	— help
gee	— give	herken	— recognise

Refer to previous lesson. Use these words in simple sentences in all 3 main tenses.

(Antwoorde op bladsy a3)

More Verbs 2

het—have: This word changes in form in the future tense:
Ek het 'n appel.   — Present
Ek het 'n appel gehad.   — Past
Ek **wil** 'n appel **hê**.   — Future (want to have)

Use the following verbs in sentences in all 3 main tenses:

het	— have	klop	— knock
hoop	— hope	knip	— cut (scissors)
hoor	— hear	kom	— come
hou van	— like	kook	— boil
hou	— hold	kry	— get, receive
huil	— cry	kyk na	— look at
is	— is, are	lag	— laugh
kam	— comb	land	— to land
kla	— complain	lewe	— live
klim	— climb	luister	— listen

Note: **is** combined with **dit**: **Dit is** (it is) becomes **Dis** (it's).

(Antwoorde op bladsy a4)

More Verbs 3

Use the following verbs in sentences in all 3 main tenses:

maak	— make	ophou	— stop (doing)
melk	— milk	opkom	— comes up
mishandel	— ill-treat	oppas	— look out or look after.
neem	— take		
ondersoek	— investigate	oprol	— roll up (sleeves)
onthou	— remember	opstaan	— rise
ontmoet	— meet	opsteek	— light (a candle)
ontvang	— receive	optel	— add
noem	— name	parkeer	— park
open	— open	pas op	— look out, beware.
		plant	— plant

Note: ophou, opkom, oppas, etc., are *transitive* verbs. We separate them in the present and past tenses, e.g.

Hy **hou op** met werk.	(Present)	He stops working. (second part comes first)
Hy het op**ge**hou met werk.	(Past)	He has stopped working. (ge- in the middle)
Hy sal ophou met werk.	(Future)	He will stop working.

(*Antwoorde op bladsy a4*)

More Verbs 4

Use the following verbs in all 3 main tenses:

pos	— post	saamneem	— take with
praat	— speak	saampraat	— talk together
reis	— travel	saamsing	— sing together
roep	— call	saamwerk	— work together
rol	— roll	sê	— say
rook	— smoke	sien	— see
rus	— rest	sink	— sink
ry	— ride	skeer	— shave
saambring	— bring with	skiet	— shoot
saamgaan	— go with	skyn	— shine

Note: Saam = together: All these verbs are transitive too:
   e.g. Ek **bring** my boek **saam**. (I bring my book with (me).)
   Ons **sing** 'n lied **saam**. (We sing a song together.)

(*Antwoorde op bladsy a4*)

More Verbs 5

Use the verbs below in sentences in all 3 main tenses:

slaap	— sleep	stuur	— send
slag	— slaughter	swem	— swim
sny	— cut	teken	— draw
soek	— seek	tel	— count
staan	— stand	toemaak (trans.)	— close (door)
steek	— stab		
stilbly (trans.)	— keep quiet	trek	— pull
stilhou (trans.)	— stop	uitgaan (trans.)	— go out
stilstaan (trans.)	— stand still	uitgee (trans.)	— give out
storm	— rush	uithaal (trans.)	— take out
		uitkom (trans.)	— come out

(*Antwoorde op bladsy a4*)

Verbs (concluded)

Use the verbs below in sentences in all 3 main tenses:

uitnooi (trans.)	— invite	verloor	— lose
uitskryf (trans.)	— write out	verskil van	— differ from
uittrek (trans.)	— pull out	verstaan	— understand
uitvind (trans.)	— find out	vertaal	— translate
val	— fall	vertrek	— depart
vang	— catch	vra	— ask
veg	— fight	waai	— blow
vergeet	— forget	wag	— wait
verkoop	— sell	was	— wash
verlang	— long for	weet	— know

(*Antwoorde op bladsy a5*)

THE DOUBLE NEGATIVE

Words in Afrikaans expressing a negative idea are:
nie, niks (nothing), nêrens (nowhere), niemand (nobody), nooit (never), and geen (nothing).

These words, however, cannot stand alone as in English—I do not know his name—but they are followed by (usually at the end of a sentence) another **nie**:

e.g.   I do not know his name: Ek **ken** nie sy naam **nie**.

In short sentences containing only a subject and a verb, we find only one negative:

e.g.   Ek weet nie. Hy slaap nie. Hy rook nie.

Translate into Afrikaans:
1. There is no coffee or tea.
2. The man is not old.
3. Nobody has my pencil.
4. I shall never do it.
5. He did nothing.
6. The sweets are nowhere.

(*Antwoorde op bladsy a5*)

QUESTIONS

who	—	wie
where	—	waar
why	—	waarom, hoekom
which	—	watter
when	—	wanneer

how	—	hoe
how many	—	hoeveel
how much	—	hoeveel
what	—	wat

Vertaal:
1. Who are you?
2. Where do you live? (woon)
3. Why are you here?
4. In which country are you?
5. When do you leave? (vertrek)
6. How old are you?
7. How many legs have twenty sheep?
8. How much money have you?
9. What is your name?
10. Which book do you like?

(*Antwoorde op bladsy a5*)

WORD ORDER

In Afrikaans the extension of **time** precedes place, e.g.

Afr.: Die vrou was **gister** in die **kerk**. (first time, then place)

Eng: The woman was in **church yesterday**. (first place, then time)

The following sentence can be written in five different ways.

Note: The position of the verb **reent** in each case: The verb is usually the second part of speech in a simple sentence. If an auxiliary verb is used, it is mainly second and the action verb comes last.

1. Dit **reent** gewoonlik baie in die somer in Natal (subject first).
2. Gewoonlik **reent** dit baie in die somer in Natal (adv. of time—first).
3. Baie **reent** dit gewoonlik in die somer in Natal (adv. of quantity—first).
4. (In die somer) **reent** dit gewoonlik baie in Natal (phrase of time).
5. (In Natal) **reent** dit gewoonlik baie in die somer (phrase of place).

Auxiliary Verb: (Auxiliary verb second and main verb last)
Môre **sal** ek na die mark toe **gaan**.
Ek **wil** my werk **doen**.

Rewrite the following sentences beginning in each case with the words in bold type. (Remember the position of the verb and auxiliary verb.)
1. Die siek vrou sal **vanaand** lekker slaap.
2. Ons het **gister** strand toe gegaan.
3. Die meisie het **in die nagklub** gedans.
4. Hy het **vinnig** na die winkel (shop) gehardloop.
5. Piet wil **met al die mense** gesels.

(*Antwoorde op bladsy a5*)

PREPOSITIONS

The most commonly used prepositions in Afrikaans are:
op (on), onder (under), deur (through), in (in), aan (on), uit (out), met (with), oor (over), na (to), by (by, near, at).
Piet sit **op** die stoel (op literally means **on top of** and shows position).
Die kat lê **onder** die tafel.
Hulle loop **deur** die hek (gate).
Die water is **in** die pot.
Ek gooi die water **in** die pot. (In English we use into).
Die appel hang **aan** die boom (on).
Sy skryf **aan** Jan (to).
Hy gaan **uit** die saal uit (double uit).
Ek speel **met** Sannie.
Hy skop die bal **oor** die pale.
Jan gaan **na** die bioskoop.
Hy staan **by** die tafel.

Use each of these prepositions in a sentence of your own. Prepositions seem to present some difficulties. You can only overcome these by means of regular practice and usage.

Useful Prepositions 1

I suggest the best way to memorise these prepositions and any other words, phrases, statements, sentences, etc., of the new language, is to use five each day. *Use them in sentences.* Practise on your friends and colleagues until they become part of your new vocabulary.

aan, na
Dink aan (think of, remember)—Dink **aan** my as jy weg is.
Hang aan (hang on)—Die appel hang **aan** die boom.
Klop aan (knock at)—Hy klop **aan** die deur van die huis.
Skryf aan (write to)—Hy skryf 'n brief **aan** sy vriend.

Stuur aan (send to)—Ek sal die geld **aan** jou stuur.
Behoort aan (belong to)—Die boek behoort **aan** my.
Kyk na (look at, after)—Kyk **na** die mooi motor (look at).—
Kyk **na** die kinders as ek weg is (look after).
Lyk na (look like)—Die seun lyk **na** sy pa.
Luister na (listen to)—Ek luister **na** die mooi musiek.
Soek na (look for)—Die honde soek **na** die dief.
Verlang na (long for)—Die kind verlang **na** sy ma.
Gaan na (go to)—Ons gaan **na** die bioskoop.
Kom na (come to)—Kom **na** my toe. Hier is lekkers vir jou.

Study these and use them in sentences of your own.

Fill in the correct preposition in the blank spaces below:
1. Hy skryf 'n brief .... sy nooi.
2. Hy luister .... die radio.
3. Die prent hang .... die muur.
4. Ek en jy gaan môre .... die kerk toe.
5. Kyk .... daardie mooi meisie.
6. Soek ... die roos, dit behoort .... my. Ek wil dit .... Annie stuur.

(*Antwoorde op bladsy a5*)

Useful Prepositions 2
vir, oor

Bang vir (afraid of)—Baie mense is bang **vir** spoke.
Gee vir (give to)—Gee die kos **vir** die arm kind (poor child).
Kwaad vir (cross with)—Ek is kwaad **vir** hom.
Lief vir (fond of)—Die man is lief **vir** sy pyp.
Lag vir (laugh at)—Hy lag **vir** die aap.
Skaam vir (shy of)—Ek is skaam **vir** jou en daarom wil ek nie Afrikaans praat nie.
Skaam oor (ashamed of)—Ek is skaam **oor** my ou klere.
Bly oor (pleased about)—Ek is bly **oor** jou sukses.
Kla oor (complain about)—Die mense kla **oor** die hoë belasting.
Praat oor (talk about)—Hulle praat **oor** haar kort rokkie.

Study these and use them in sentences of your own.

Fill in the correct preposition in the blank spaces below:
1. Ek is kwaad .... hom want hy lag .... my ou klere.
2. Ek is skaam .... hom want ek is skaam .... ons klein huis.
3. Al kla hy ... die reën is ek bly daar .....
4. Hulle praat .... haar want hulle is lief .... haar.
5. Gee .... haar die pakkie. Moenie bang wees .... die hond nie.

(*Antwoorde op bladsy a6*)

Useful Prepositions 3
van, met, op, by

Dink van (think of, opinion)—Ek dink baie **van** daardie goeie man.
Praat van (speak of)—Praat **van** die duiwel.
Hou van (fond of, like)—Ek hou **van** my nuwe werk.
Praat met (speak to, with)—Ek praat **met** hom oor die nuus.
Gelukwens met (congratulate on)—Ek wens jou geluk **met** jou verjaarsdag.
Trots op (proud of)—Die ouers is trots **op** hulle kinders.
Jaloers op (jealous of)—Sy is jaloers **op** haar suster.
Kom by (arrive at, come to)—Die trein kom **by** die stasie aan.

Study these and use them in sentences of your own.

Fill in the correct preposition in the blank spaces below:

(van, met, op, by, vir, oor, aan, na.)

1. Hy voel skaam .... die woord wat hy gesê het.
2. Moenie .... my kwaad wees nie.
3. Elke week skryf sy .... haar ouers.
4. Ek dink niks .... daardie man nie.
5. Hulle was bly .... die goeie nuus.
6. Toe ons .... die huis kom was hy nie daar nie.
7. Daar hang baie vrugte .... die boom.
8. Ek dink baie .... die goeie ou dae.
9. Ek verlang ... die somer.
10. Piet sit .... die stoel. Hy is jaloers .... my.
11. Toe ek gepraat het .... hom, het ek hom gelukgewens .... sy sukses.

(*Antwoord op bladsy a6*)

PLURALS 1

1. A noun with one syllable gets an e when the plural is formed, e.g. trein, bank, boek, hand, huis—Form plurals by just adding e.
2. Short vowels in closed syllables: Double the consonant and add e, e.g. dam, dak, mes, rot, pot, kop—damme, dakke, etc.
3. Double vowels: Drop one vowel and add e, e.g. boom, muur, straat, oor, poot—bome, mure, etc.
4. A long vowel followed by g: g falls away, e takes its place and the diaeresis indicates two syllables, e.g. oog—oë.
5. If the vowel followed by g is an a, no diaeresis is used, e.g. dag, slag, vrag—dae, slae, vrae.

6. A noun ending in f: f becomes w, e.g. wolf—wolwe, golf—golwe.
7. A short vowel followed by f: f becomes w and it is doubled, e.g. straf—strawwe, stof—stowwe.
8. A long vowel followed by f: One vowel is dropped, f becomes w and an e is added, e.g. graaf—grawe, stoof—stowe, kloof—klowe.
9. Exceptions: Weg—weë, glas—glase, gat—gate, god—gode, skip—skepe, pad—paaie, brug—brûe (circumflex).
10. Other endings are s and te: Saals (saddles), ligte (lights) (learn these by using them).

Write in the plural:
1. Die ploeg is op die land.
2. Die dwerg het 'n saag (saw), 'n toon (toe), 'n bom (bomb), 'n balk (beam) en 'n graaf (spade).
3. In die huis is daar 'n lig, 'n kas, 'n kis, 'n tafel en 'n mes.
4. Die skaap, die hond, die donkie en die bok eet saam.
5. Die dag is lank en die nag is kort.

(*Antwoorde op bladsy a6*)

PLURALS 2

baie: This word is used very often. It means many, much, very: e.g. baie geld, baie boeke, baie koud.
Plurals with **s**: Oom, tante, neef, man, roer, wurm, tier, skelm.
Plurals ending in **ens**: wa, vrou, nooi, bed.
Plurals having two different endings: Man—manne, mans. Vrou—vrouens, vroue (mans, vrouens mean husbands and wives, whereas manne en vroue mean men and women).

Variations: Some plurals end in 's, e.g. ma's, pa's, nee's, ja's.
Some plurals end in ers, e.g. kinders, lammers, kalwers.
Some plurals end in ere, e.g. liedere, goedere.

Give the plurals of the following nouns:
1. Bank, stoel, boek, koek, huis.
2. Dam, pot, rak, lat, kop.
3. Boom, straat, kraak, been, plaas.
4. Wolf, kolf, grief, dief, boef.
5. Graaf, stoof, kloof, gleuf, kerf.
6. Weg, gat, god, hof, skip.
7. Ploeg, see, gang, tree, drif.
8. Lig, seun, bal, kantoor, hemp, man, ma, bed.

(*Antwoorde op bladsy a6*)

TIME

1. Eenuur, twee-uur, drie-uur, vieruur, vyfuur.
2. Vyf oor een (five past one), kwart oor een (quarter), vyf-entwintig oor een (twenty five past one), half twee (half past one), kwart voor twee (a quarter to two).
3. Môre, middag, aand, nag—morning, noon, evening, night.
4. Sekonde (second), minuut (minute), uur (hour), dag (day), week, naweek (week-end), maand (month), kwartaal (quarter, 3 months), jaar (year), skrikkeljaar (leap year), eeu (century).
5. Vandag (today), môre (tomorrow), oormôre (day after tomorrow), gister (yesterday), eergister (day before yesterday), gisteraand (yesterday evening), gisternag (last night), oor twee weke (in a fortnight's time), lank gelede (long ago), vanjaar (this year).

Translate:
1. Hoe laat is dit? Dit is halfdrie. Dit is kwart oor twee.
2. Goeiemôre! Waarheen gaan jy vanmiddag? Vanaand is dit volmaan.
3. Daar is 60 sekondes in een minuut. Daar is 24 uur in een dag.
4. Daar is vier kwartale in 'n jaar. Vanjaar is skrikkeljaar.
5. Gister was ons bioskoop toe. Gisternag het dit gereent. Oor twee weke begin my vakansie.

(*Antwoorde op bladsy a6*)

ADJECTIVES

If the adjective appears after the noun it describes, the form does not change, e.g. laag, hoog, fluks, goed, sleg, droog, glad, grof.
1. Die dak (roof) is **laag** (low).
2. Die boom is **hoog** (high).
3. Die seun is **fluks** (diligent) op skool.
4. Die werk is baie **goed**.
5. Die nuus (news) is **sleg** (bad).
6. Die pad is **droog** (dry).
7. Die hout (wood) is **glad** (smooth).
8. Die vyl (file) is **grof** (coarse).

But if the adjective precedes the noun, it often changes form, e.g.
1. Dit is 'n harde klip.
2. Dit is 'n gladde vloer.
3. Daar loop 'n wrede (cruel) man. (Die man is wreed.)
4. Ek was met koue water.

5. Die meisie dra 'n goue ring.
6. Dit is 'n goeie kind. (Die kind is goed.)
7. Daar lê 'n dooie hond. (Die hond is dood.)
8. Dit is 'n dowwe lig. (Die lig is dof.)
9. Dit is 'n droë pad. (Die pad is droog.)

Now use in sentences in which the adjective precedes the noun: Vroeg, droog, lank, hoog, goud, breed, glad, mooi, lekker, soet.

(*Antwoorde op bladsy a6*)

Many adjectives are not inflected and remain the same, irrespective of their position in the sentence. Note the following adjectives and translate these sentences into English to test your progress.

Hy het 'n **vals** vriend (false). Sy dra 'n **ou** hoed. Hy het 'n **skeel** oog (squint). Vandag is 'n **warm** dag. Hulle het ses **stout** kinders (naughty). Ons eet 'n **vet** skaap. Die mans drink **suur** wyn (sour). Hy was eers **vet** maar nou is hy 'n **skraal** man. Dit is 'n **donker** nag. Die rivier het **helder** water. Ek drink **bitter** koffie. Die **duur** huis is **mooi**. Die **siek** seun drink medisyne. Hy het 'n **bleek** gesig. Ons koop **goedkoop** (cheap) klere.

(*Antwoorde op bladsye a7*)

PAST TENSE: "is", "was"

English-speaking folk are often confused by the use of "is" in the past tense, because "is" is also used like "is" in English in the present tense. The rule is very simple. "Is" is used for the definite. irrevocable past, e.g.

Die man **is** dood. Hy **is** gister in 'n ongeluk dood. Die vergadering **is** ontbind—(and does not continue). Die gaste **is** onthaal. (Now the reception is over.)

When „was" is used to indicate past tense, the action is not necessarily finished forever, e.g. Gister **was** die man siek. Vandag is hy gesond. Môre kan hy weer siek word. Ek **was** gister by die stasie maar nou is ek hier.

For practice, use **is** and **was** in sentences in the past tense (5 sentences each), to indicate the difference.

(*Antwoorde op bladsy a9*)

FORMS OF ADDRESS

In English "you" is used when addressing any person, irrespective of rank. Even the modernised version of the Bible dispenses with Thee and Thou. In Afrikaans however, the special form of respect is retained. A stranger or someone of higher rank or more mature age than yourself will be addressed by using "u" instead of "jy" en "jou". The passage below will serve to illustrate.

Oom Piet en sy vrou, tant Annie, is Sondag op die dorp. Die predikant (dominee—parson, preacher, minister) ontmoet hulle voor die kerkdeur. Hulle kinders, Jannie en Sarie, gaan ook kerk toe. Dominee (ds): "Môre oom Piet, môre tant Annie, hoe gaan dit nog met **u**?"
Oom Piet: "Gaaf dankie Dominee, hoe gaan dit met **u**?"
Dominee: "Dit gaan goed dankie, en hoe gaan dit met **jou** Jannie, en met **jou** Sarie?"
Jannie: "Goed dankie Dominee, **u** moet asseblief net nie te lank preek nie anders sal ons vaak (sleepy) word."
Sarie: "Skaam **jy jou** nie Jan, om so met die dominee te praat nie?"
Oom Piet: "Dominee, **u** moet tog maar die seun verskoon." (pardon) "Jan, vanaand sal ek met jou afreken." (settle).

"Oom" and "tante" are accepted form of address in Afrikaans communities where people know one another *well*. You would however be advised to keep to meneer, mevrou, mejuffrou en jongeheer (Mr, Mrs, Miss, Master). The English equivalents of "oom" and "tante" are uncle and aunt but they are not used as a form of address in English except in the case of blood relatives.

BYWOORDE (Adverbs)

Adverbs describe verbs. We have adverbs of time, place, manner, etc. Remember that in Afrikaans, **time** precedes place and manner. For example, Die motor het *dadelik* by die hoek van die straat stilgehou. (Dadelik—immediately.)

The following list of adverbs are adverbs of **time.** Use them in sentences:

Vroeg, laat, nooit, vinnig, stadig, nou, dan, wanneer, onmiddellik, skielik, gelede, selde, ooit, daagliks, weekliks, maandeliks, jaarliks.

(*Antwoorde op bladsy a23*)

Bywoorde van Plek

Use these adverbs in sentences:

Hier, daar, waar, orals, nêrens, volop, ver, links, regs, agter, voor, vorentoe, langsaam, oorkant, duskant, anderkant, onder, bo, by, op, uit, in, rondom, om, tussen.

(*Antwoorde op bladsy a24*)

Bywoorde

Adverbs lend colour to a language. The following adverbs are frequently used in Afrikaans. Become used to them by constructing sentences around them. Use these sentences daily.

Min, baie, duidelik, lelik, mooi, maklik, moeilik, regtig, heeltemal, darem, so, omtrent, skaars, te, taamlik, amper, byna, ook, werklik, waarlik.

(*Antwoorde op bladsy a24*)

VOEGWOORDE (CONJUNCTIONS)

The literal translation for "voeg" is **join**. Voegwoorde are words which are used when we join sentences. The following group of conjunctions are easy because they do not in any way alter the word order of sentences which they join together: en, want, maar, of.

Die kat is weg **en** die muis is baas.
Ek gaan skool toe, **want** ek wil slim word.
Hy is siek, **maar** ek is gesond.
Jy moet versigtig wees **of** die motors sal jou doodry.

Oefening: Join the following pairs of sentences by using the conjunctions in brackets.

1. Die kerkdeur is toe. Dis Saterdag vandag. (want)
2. Jan is groot. Annie is klein. (maar)
3. Sy ma is 'n vet vrou. Sy pa is 'n skraal man. (en)
4. Jy moet luister na jou ma. Jy sal slae kry. (of)
5. Hy eet al sy pap. Hy wil groot word. (want)

(*Antwoorde op bladsy a24*)

N.B. The verb is usually the second part of speech in a sentence in Afrikaans. If an auxiliary verb is used, it becomes the second part of speech and the verb moves to the end of the sentence. The following conjunctions alter the word order of the second sentence, but if you remember the rule, you should find it easy.

Daarom, dus, al, alhoewel, dan, tog, anders, e.g.

Jy was stout, **daarom** moet jy na skool bly.
Dit is vandag Saterdag, **dus** hoef jy nie te werk nie.
Jy kan gaan speel **al** is jou werk nog nie klaar nie.
Hy speel nog tennis **alhoewel** hy al baie oud is.
Gaan nou skool toe, **dan** kom jy weer huis toe.
Hy was siek, **tog** het hy skool toe gegaan.
Leer jou les **anders** sal jy gestraf word.

Oefening: Join the following pairs of sentences by using the conjunction given in brackets.
1. Piet is 'n slim seun. Hy is eerste in sy klas. (daarom)
2. Hy is baie ryk. Hy is ongelukkig. (tog)
3. Hy het gaan swem. Hy was siek. (alhoewel)
4. Moenie baie vleis eet nie. Jy sal droom. (anders)
5. Hy is slim. Hy is nie mooi nie. (al)

(*Antwoorde op bladsy a25*)

Fill in the conjunction from the list given below. Note the position of the verb and auxiliary verb in the sentences. In some cases the auxiliary verb has moved to the extreme end of the sentence.

Al, alhoewel, anders, as, daar, dan, dus, mits, nog, omdat, sedert, tensy, tog, want.

1. Hy speel in die eerste span. Hy is klein. (al)
2. Hy speel in die eerste span. Hy is klein. (alhoewel)
3. Jy moet jou werk doen. Jy sal gestraf word. (anders)
4. Ek sal kom. Jy kom ook. (as)
5. Ek hou partytjie. Dit is my verjaarsdag. (daar)
6. Ek doen my werk. Ek gaan speel. (dan)
7. Die motor het gebreek. Ek is laat. (dus)
8. Jy kan gaan speel. Jy doen jou werk. (mits)
9. Jan is hier. Sarie is hier. (nòg, nog) (neither, nor)
10. Hy is in die tronk. Hy het gesteel. (omdat)
11. Hy is siek. Hy het hierheen gekom. (sedert)
12. Jy moet werk. Jy wil druip. (tensy)
13. Hy is klein. Hy is slim. (tog)
14. Hy is sterk. Hy oefen baie. (want)

(*Antwoorde op bladsy a25*)

TOE/DAN

The easiest way of differentiating between **toe** and **dan** is to use **toe** in the past tense and **dan** in the future tense. **Then** in English can be used in either tense and could be translated into **toe** or **dan**, but **dan** cannot be used in the past tense in Afrikaans, e.g.

1. Die motor het gaan staan. **Toe** het ons gestap. **Toe** het ons moeg geword. **Toe** het ons gaan sit. **Toe** het ons verder gestap. (Past)
2. As ek groot is sal ek gaan werk. **Dan** sal ek baie geld verdien. **Dan** sal ek 'n motor koop. **Dan** sal ek gaan toer. (Future)

Toe or **daarna** can both be used in Sentence 1, but not dan.

3. **Toe** can also be used like **when** in English, e.g.
Toe ek daar kom was hy alreeds weg.

Oefening: Fill in correctly **toe** or **dan** or **daarna** in the blank spaces below.
1. .... ek daar was, het ek 'n olifant gesien.
2. Eers sal ek eet en .... sal ek gaan slaap.
3. Eers het ek geëet en .... het ek gaan slaap. .... het ek lekker gedroom dat ek ryk sal wees as ek groot is. .... sal ek baie mooi klere koop.
4. Meisies moet eerste loop en .... die seuns.
5. Ek het my klere aangetrek .... ek klaar gebad het.

(*Antwoorde op bladsy a25*)

KEN/WEET

The English word **know** applies to people and things. One can say, I know him or I know of him. Similarly one can say in English, I know his work, or I know what I am talking about. **Ken** and **weet** can both be translated as **know**.

In Afrikaans the position is, however, different when it comes to the usage of **ken** and **weet**, e.g.
   Ek ken die man. Ek weet wat hy **doen**.
   Ek ken sy werk. Ek weet wat ek **praat**.
Ken takes a direct object: Ek ken **die man**, sy werk, etc. **Weet** does not have a direct object, but is usually followed by another verb.

Oefening: Use **ken** and **weet** correctly in the sentences below.
1. .... jy die man wat daar woon?
2. Ek .... nie wat sy naam is nie, maar ek .... sy oupa baie goed.
3. Elke kind moet sy eie naam .... en hy moet ook .... wat sy huisadres en telefoonnommer is.
4. Ek .... waar hy woon maar ek .... nie wat die naam van sy straat is nie want ek .... nie Durban nie.

(*Antwoorde op bladsy a25*)

HOU VAN (LIKE)

In English one would say: **I like** him. **I like** to do this work. **I like** reading, but in Afrikaans, one would say—Ek **hou van** hom. Ek **hou** daar**van** om die werk te doen. Ek **hou van** lees.

Hou, meaning **like**, can never stand alone in Afrikaans but must always be followed by **van**. **Hou** can, however, also mean **to hold**.
Ek **hou** die boek **vas**.

>**te, om te** (too, to)
>I like **to** sing. Ek hou daarvan **om te** sing.
>It is fun **to** dance. Dis lekker **om te** dans.
>He is **too** late for the bus. Hy is **te** laat vir die bus.
>The coffee is **too** strong **to** drink. Die koffie is **te** sterk **om te** drink.

Oefening: Fill in: Hou, hou van, te, om te, in the blank spaces below.

1. Die sterk seun .... die tou vas, want die klein seun is .... swak .... die tou vas.........
2. Ek .... sterk koffie as die koffie nie .... sterk is nie.
3. Ek .... daar .... om fiets .... ry.
4. Dit reën .... veel om fiets .... ry.
5. 'n Perd is 'n dier .... ry as hy nie .... wild is nie.

(*Antwoorde op bladsy a35*)

SYFERS (NUMBERS)

Tel van 1 tot 100: (Telwoorde) (Cardinal Numbers)
Een, twee, drie, vier, vyf, ses, sewe, ag, nege, tien. (1–10) elf, twaalf, dertien, veertien, vyftien, sestien, sewentien, agtien, negentien, twintig, een-en-twintig, twee-en-twintig, ens. (11–22) dertig, veertig vyftig, sestig, sewentig, tagtig, negentig, honderd. (30–100) een-en-tagtig, twee-en-tagtig, ens. (81, 82).

Hoeveelste? (Rangtelwoorde) (Ordinal Numbers)
Eerste, tweede, derde, vierde, vyfde, sesde, sewende, agste, negende, tiende, elfde, ens. (1st–11th)
vyftigste, sestigste, sewentigste, tagtigste, negentigste, honderdste (50th–100th).

Breuke (Fractions)
$\frac{1}{2}$ = 'n halwe; $\frac{1}{4}$ = 'n kwart; $\frac{1}{8}$ = 'n agste; $\frac{1}{3}$ = 'n derde; $\frac{5}{6}$ = vyf sesdes; $\frac{9}{10}$ = nege tiendes.

Vrae: Skryf Voluit—
1. 312; 5 613; 8 888; 44; 8 842 346
2. $\frac{1}{4} + \frac{1}{2} + \frac{3}{16} + \frac{5}{8} = 1\frac{9}{16}$

(*Antwoorde op bladsy a33*)

HET (to have)

Ek **het** 'n bruin hond. (I have a brown dog.) Present Tense. Ek **het** 'n bruin hond gehad. (I had a brown dog.) Past Tense. Ek **sal** 'n bruin hond **hê**. (I shall have a brown dog.) Future Tense.

The rule which applies to the position of the verb and auxiliary verb still applies. The word "het" itself changes and becomes "gehad" in the past and "hê" in the future tense. The pronunciation is probably more difficult than the actual rule. Practise **"gehad"** as often as possible—make sure of the guttural "g".

(*Antwoorde op bladsy a33*)

WORD (to become) (is being)

This word expresses the continuous tense in Afrikaans and is often used in the passive voice, e.g. Die werk **word** gedoen. (The work **is being** done.) In the same way one would say: Klein kinders **word** groot. Die plantjie **word** 'n boom. Elke jaar **word** 'n mens ouer.

Combining "het" and "word" a sentence would read thus:

Die jong man **het** baie oud **geword**.
Die meisie **het** na die operasie 'n man **geword**.

Practise these two words in sentences. They are frequently used in Afrikaans but seem to present some difficulty.

Vertaal: I shall have much money on Monday.
The girl's hair turned grey overnight.
I had my luggage on the station.
The song is being sung by the soprano.
Apples are eaten by many people.

(*Antwoorde op bladsy a33*)

VOEGWOORDE

These were dealt with on page 23, but as we have now advanced from simple sentences to complex and compound sentences a further list is given below in order that the simple sentences could be strung together:

As, wanneer are used in present and future tenses only.

as = if: Jy sal lekkers kry **as** jy soet is.
as = when: Ek sal kom **as** dit warm is.
wanneer = when: Ek sal kom **wanneer** dit warm is.
aangesien = seeing that: Ek sal kom kuier **aangesien** jy my genooi het.
asof = as if: Hy praat **asof** hy alles weet.

nadat = after: Hy het gaan slaap **nadat** hy geëet het.
alhoewel = although: Hy sing mooi **alhoewel** hy tandpyn het.
of = whether: Hy wil weet **of** jy sy pen het.
omdat = because: Hy eet baie, **omdat** hy honger is.
want = because: Hy eet baie, **want** hy **is** honger.

(Note the position of the verb "is" in "want" and "omdat" respectively.)

sodra = as soon as: Ek sal gaan dans **sodra** ek beter voel.
soos = as: Môre gaan ons swem **soos** ons besluit het.
tensy = unless: Jy kan nie gaan speel nie **tensy** jou werk klaar is.
terwyl = while: Dit was warm **terwyl** die son geskyn het.
totdat = until: Bly hier **totdat** ek terugkom.
voordat = before: Jy moet kruip **voordat** jy kan loop.

Gebruik hierdie voegwoorde wanneer jy praat. Voeg twee of meer sinne bymekaar. Dit laat enige taal beter vloei. Oefen, Oefen, Oefen. Oefen sommer nou deur elkeen van hierdie voegwoorde te gebruik om twee sinne aanmekaar te koppel.

GRAAG (Very much)

Ek wil 'n vliegtuig koop: I want to buy an aeroplane.
Ek wil graag 'n vliegtuig koop: I badly want to buy an aeroplane.

This word **graag**—expressing intention—badly or very much—is very often used in Afrikaans, e.g.

Ek wil môre **graag** by jou kom kuier.
Die meisie wil **graag** 'n pop hê.
Hy speel **graag** tennis. (He likes playing tennis very much.)

Get used to the pronunciation and use it in sentences as often as you like. It is regarded as a polite way of asking for something, e.g.

Ek wil baie **graag** jou motor leen. (I would appreciate it very much indeed if I could borrow your car.)

KRY (get, have)

Literally "kry" means get. Die hond kry kleintjies.
However, it is also used instead of **have**. May I have the sugar please? Kan ek asseblief die suiker **kry**? Don't use **hê** if you ask for something at table.

Vul in: hê of kry

1. Die meisie wil graag 'n man.....
2. Ek sal melk...., dankie!
3. Jy moet 'n warm trui vir die winter...., want jy het 'n baie dun trui op die oomblik.

4. Wil u koffie of tee ...?
5. Jy gaan pak ...., want jy was baie stout.

(*Antwoorde op bladsy a34*)

DIE TELEFOON

A necessary nuisance—'n Onmisbare ergernis.

So many people are afraid of using their second language when they telephone someone. This is difficult to understand, as the person on the other side cannot see you, cannot injure you, does not know how scared you are and need not even realise that you are not quite bilingual. The telephone could be instrumental in giving you the confidence you need. Try it on your friends. Make notes beforehand. Listen carefully and if necessary ask the person to speak a bit more slowly and distinctly as the line is very bad.

"Goeiemôre, dis Smith wat hier praat. Hoe. gaan dit? Kan ek u help? Die telefoon is baie onduidelik, sal u asseblief stadig en duidelik praat! Iemand het seker die drade deurmekaar laat raak. Ja meneer. Goed meneer. Wag asseblief 'n rukkie. Ek sal gou uitvind. (Time to revise your notes.) Kan ek u later bel asseblief? Die bestuurder se nommer is beset. Tot siens, ek sal u boodskap oordra. Dankie dat u gebel het."

Oefening: Write out an imaginary telephone conversation—(like the one above)—between an angry housewife and the garbage-collection department of the Corporation. Do this in Afrikaans please!

(*Antwoorde op bladsy a34*)

TOETS I

1. **Translate into English:**
    (*a*) Peter en Jan is goeie maats. Hulle leer fluks Afrikaans.
    (*b*) Gert is my vader se oudste seun. Wat is hy van my?
    (*c*) Die water is baie diep en ek is bang om daarin te swem.
    (*d*) My opponent is 'n sterk boer wat 140 kg weeg.
    (*e*) As jy op 29 Februarie verjaar, verjaar jy elke vier jaar.
    (10)

2. **Which English words sound exactly like the following Afrikaans words?**
    Mak, mislei, slaai, ver, hy, lamp, myl, pyn, sou, tjank.
    (10)

3. **Use these verbs in sentences in each of the 3 main tenses:**
    Lees, betaal, deurbring.
    (9)

4. **Translate:**
   Hy het sy boek aan haar geleen, want sy het haar boek by die huis vergeet.
   Ons ken nie ons les so goed soos hulle nie.
   Daardie motor is my pa s'n en niemand mag sê dis syne nie.
   (6)

5. **Translate:**
   "Good morning. How do you do. How are you today?
   Are you happy or do you feel bad? I am well, thank you."
   (5)

   TOTAL: 40

   (*Antwoorde op bladsy a15*)

TOETS II

Answer these questions without reference to a dictionary. Answers to this test will be supplied on page a19.

1. **Unscramble these words to form sentences which make sense.**
   (*a*) voetbalpale skop oor die bal Piet die.
   (*b*) klop deur aan die klerk die.
   (*c*) skerp hy skêr die knip boek met 'n.
   (*d*) kla 'n pyn oor kop haar in Annie.
   (*e*) vet in die man straat lag seuns die vir die.
   (10)

2. **Use each of the following verbs in sentences (the past and future tenses):**
   Saamneem, saamgaan, aantrek.
   (6)

3. **Write in the negative:**
   (*a*) Ek rook.
   (*b*) Ek gaan môre kerk toe.
   (*c*) Die seun is lief vir die ryp appels.
   (*d*) Hy doen iets.
   (4)

4. **Beantwoord hierdie vrae:**
   (*a*) Wat is jou pa se naam?
   (*b*) Waar woon jy?
   (*c*) Wat is jou huisadres?
   (*d*) Kan jy Afrikaans praat?
   (*e*) Waarom is die kinders so stout?
   (10)

5. **Rewrite the following sentences by beginning with the words in bold type in turn:**

   Dit **is altyd warm in** die somer **in** Natal. (10)

   TOTAL: 40

TOETS III

Answer these questions without reference to a dictionary. Add your score for Tests, I, II and III.

1. **Fill in the correct prepositions:**
   - (a) Ek luister .... die radio.
   - (b) Die prent hang .... die muur.
   - (c) Ek is skaam .... my ou broek wat geskeur is.
   - (d) Ek praat .... hom oor sy nuwe werk.
   - (e) Ek dink baie .... daardie goeie man.

   (5)

2. **Write these sentences in the plural:**
   - (a) Die wolf het die lam gevang.
   - (b) Ek spit met 'n graaf en 'n vurk.
   - (c) Die skip seil op die brander.
   - (d) Die lig brand in die huis.
   - (e) My hemp en broek is rooi.

   (10)

3. **Translate:**
   - (a) What is the time? Which month is it?
   - (b) It is now exactly half past three.
   - (c) The day before yesterday I went shopping.
   - (d) In a fortnight's time he will visit us.
   - (e) Last night we went to bioscope.

   (10)

4. **Use the following adjectives in sentences:**

   Stout, suur, goedkoop, droë, lekker.

   (10)

5. **Translate:**
   - (a) The lampshade is the same colour as the wallpaper.
   - (b) The cleaner cleans the school.
   - (c) Peter plays with his tricycle.
   - (d) I am fond of poached eggs.
   - (e) The egg-fruit is sub-tropical fruit.

   (5)

   TOTAL: 40

   (*Antwoorde op bladsy a16*)

VOCABULARY

DIE HUIS

We have now reached a stage where most of the elementary grammar rules have been dealt with. You now have the knowledge to construct simple sentences which you can use in everyday conversation. Practise, practise, practise, daily, by using words in sentences rather than to commit words and their meanings to memory.

BUY A GOOD ENGLISH–AFRIKAANS DICTIONARY.

Use these words in sentences in each of the three main tenses. Use these sentences from day to day as the words are mostly the names of articles around you. The first few lessons will deal with THE HOME—DIE HUIS.

kombuis	portaal	slaapkamer
sitkamer	eetkamer	pakkamer
spens	badkamer	

(Antwoorde op bladsy a7)

A list of articles found in each of the rooms of a house is given. Find their English equivalents, by using your dictionary. Then use 15 of them in sentences. Practise each one of the tenses. Use your sentences in your home. Teach your servant Afrikaans if you wish. This could be quite a game with your husband/wife, and children, too. Refer to your lessons on pronunciation.

Die Kombuis: bord, ketel, koelkas, lepel, mes, opwasbak, skottel, skottelgoed, stoof, tafel, teelepel, vurk, vuurherd.

Die Spens: blikkieskos, groente, melk, rak, voedsel, vrugte.

Die Sitkamer: blompot, gordyn, kabinet, klavier, plafon, radiogram, rusbank, skildery, stoel, tapyt, telefoon, venster, vloer.

(Antwoorde op bladsy a7)

Maak 15 sinne met enige van die volgende woorde:

Die Portaal: boekrak, briewebus, hoederak, horlosie, lampskerm, muurpapier, skakelaar.

Die Eetkamer: buffet, glas, gloeilamp, koppie, lig, piering, tafeldoek, teeservies.

Die Badkamer: bad, handdoek, naelborsel, seep, skeergoed, toilet, wasbak, waslap.

Die Slaapkamer: bed, bedkassie, klerekas, kombers, kussing, laken, linnekas, matras, medisyne, spieël.

Die Pakkamer: besem, poleerder, skropborsel, stoflap, verestoffer.

(Antwoorde op bladsy a7)

KOS EN DRANK

See how many of the following words you can use at dinner tonight. Use your dictionary. Form simple sentences and use them.

Aandete, aartappel, asyn, bak, beesvleis, beskuit, blatjang, botter, boudvleis, braaivleis, bredie, brood, eet, eier, gemaalde vleis, graan, graanvlokkies, heuning, hoender, jellie, kaas, kakao, koek, koeldrank, koerente, koffie, kotelet, lamsvleis, lekker, lewer, macaroni, makriel, margarien.

(*Antwoorde op bladsy a8*)

Middagete, mosterd, ontbyt, pastei, peper, poeding, pynappel, ribbetjie, roereier, rolletjie, room, roosterbrood, rys, sardientjie, skaapvleis, skyfies, slaai, sop, sous, sout, spek, suiker, tamatiesous, tee, tert, toebroodjie, tong, vet, vis, vla, vleis, vulsel, wors, water.

More words on food and drink. Use them at table every day. Use these words in sentences.

(*Antwoorde op bladsy a9*)

VRUGTE EN GROENTE

Gebruik in sinne: aarbei, aartappel, amandels, appel, appelliefie, appelkoos, artisjok, aspersie, beet, blare, blomkool, boontjies, bronkors, dop, druiwe, eierplant, ertjie, framboos, geelwortel, gaar, gort, graan, grondboontjies, groenuie, hawer, kersie, klapper, koerente, komkommer, kool, kopkool, koring, kropslaai, kruie, kweper, lemoen, lente, mielies.

Try out these names on your greengrocer. Order your fruit and vegetables in Afrikaans next time you buy.

(*Antwoorde op bladsy a9*)

Mosterd, murggroente, okkerneute, peper, pietersielie, perske, piesang, pit, pruim, pynappel, raap, radys, roebarb, sappig, selery, skorsie, sigorei, skil, spinasie, spruitkool, suurlemoen, tamatie, tiemie, uie, uintjies, waatlemoen.

Gebruik hierdie woorde in sinne.

(*Antwoorde op bladsy a9*)

WAT ONS DRA (WEAR)

Aandpak, armband, baadjie, bloes, boordjie, borsspeld, broek, broeksak, buustelyfie, das, dasspeld, fluweel, frokkie, gespe, gordel, handskoene, hemp, horlosie, jas (coat—not jacket), kappie, kamaste, langbroek, linne, lint, lyfband, mansjetknoop, mou, mus, nagrok, oorjas.

(*Antwoorde op bladsy a10*)

Use in sentences. Make use of your dictionary but do not learn meanings of words off by heart. **The unit of thought is a sentence.**

Oorpak, trui, onderbaadjie, onderrok, paar, pajamas, pantoffels, pet, reënjas, ring, rok, romp, sakdoek, sandale, serp, sjaal, skoene, slaappak, slenterbroek, sluier, sool, stewels, sy, uniform, velskoen, veters, voorskoot, wol.

(*Antwoorde op bladsy a10*)

HUISWERK

The majority of housewives are responsible for the work done in the house. She has to do it herself or supervise the servant. The words below pertain to housework. Use these words in sentences. Practise them on your servant or children and discuss them—as women do—with your friends.

Aan kant, afstof, as, bad, bed, beddegoed, besem, borsel, braai, deeg, deegroller, draai, droog, emmer, gat, hak, hemp, katoen, ketel, klere, koek, kombers, kook, koffie, kouse, laken, lepel, lyn, maak, maal, masjien, meng, mes, naai, naald, naaldwerk, naat, nat, netjies, opmaak.

(*Antwoorde op bladsy a13*)

A housewife's work is never finished. This is a favourite topic for conversation among the fair sex. Next time, discuss it in Afrikaans by using the words below in sentences.

Pan, poeding, poleer, politoer, rasper, roer, rooster, seep, skeur, skrop, skoon, slaan, sny, sokkie, soplepel, spoel, steek, stof, stofsuig, stysel, tafeldek, teepot, tert, vadoek, vee, vet, vingerhoed, vloer, vlokkies, vuur, vuurherd, wasbak, wol, woel, wakker.

(*Antwoorde op bladsy a14*)

DIE SKOOL

Gebruik hierdie woorde in sinne. Gesels in Afrikaans met jou kind. Hy/sy sal jou miskien kan help. Gebruik jou woordeboek.

Aardbol, aardrykskunde, afskrif, antwoord, atlas, bank, boek, borsel, briewe, diktee, domkop, eksamen, gang, geskiedenis, godsdiens, handwerk, horlosie, ink, kaart, kinders, klavier, klei, klok, korrek, kryt, kuns, kwartaal, kwas, laat, leer, leerling, lees, letters, merk.

(*Antwoorde op bladsy a7*)

Musiek, netjies, nommer, oefening, onderwyser, opstel, papier, potlood, prinsipaal, rapport, register, rekenkunde, sang, skoonmaker, skolier, skoolhoof, skrif, spel, speelgrond, speeltyd, stoel, swartbord, syfers, tafel, teken, verf, verkeerd, woorde, wissel, woonplek, waarheid, werk, waarsku.

These words all apply to school. Use as many of them as possible in simple sentences. Use the sentences when talking to children. Read the answers aloud for practice in pronunciation.

(*Antwoorde op bladsy a14*)

SPEEL (PLAY)

The following list of words refer to games we and our children play. Use as many of these words as possible in sentences. Study the examples. Use your sentences and mine. Use the examples as a reading exercise at the same time.

Albaster, aspaai (I spy), ballon, blokke, blindemol (blindman's buff), bok-bok, dambord, dans, dolosse, driebeen, driewiel, drom, fiets, fluitjie, geniet, gevang, grond, hardloop, hande, jaag, jukskei, kaarte, kar, kring, legkaart, leier, ludo, motor, park, pop, pyltjie, pypkan, raaisel, raket, raak.

(*Antwoorde op bladsy a8*)

Resies, ringtennis, sirkel, skaak, skaats, skommelperd, skuit, skyfskiet, soldate, span, spoorlyn, spring, stootkar, stapel, strandbal, swaai, sweep, tennis, tol, tou, touspring, trompet, vang, visvang, voetbal, wegkruiper, windbuks, wipplank, wen.

Gebruik in sinne. Lees die voorbeelde hardop. Oefen die sinne met jou vriende.

(*Antwoorde op bladsy a8*)

OP DIE PLAAS

Aarde, baler, bas, beeste, binder, boer, bokke, bul, dorsmasjien, draad, eier, emmer, ganse, gerwe, graan, graansuil, gras, groente, grond, grootvee, hark, heining, hek, hoender, hooi, hooimied, horings, kalf, kalkoen, kloek, koeie, koeistal, kraai, kuiken, lammers, masjien, melk, melkery.

Use your dictionary. Make sentences using these words. Use your sentences when you converse with a farmer or a child who has been on a farm. Visit a farm and try out your vocabulary.

Mielies, oes, osse, perd, plant, ploeg, pluimvee, room, sak, sens, skaaphond, skoffel, skuur, sloot, snyer, sog, solder, stal, strooi, trekker, trog, vaatjie, varkhok, veld, verkoeler, voëlverskrikker, voor, volkshuise, volkies, vee, vang, wei, weiding, werf, woning, werksvolk, waenhuis.

Gebruik hierdie woorde in sinne en gesels met die boere.

BY DIE SEE

Many Afrikaans-speaking people visit the beaches of Natal throughout the year. These people would appreciate it if an English-speaking person spoke or tried to speak to them in Afrikaans. The following lesson contains words which are used in connection with the sea. Form sentences by using these words, and practise your sentences on these visitors.

Anker, baai, bemanning, boei, boot, branderry, branders, brekers, dekstoel, diep, dryf, duik, emmer, gety, graaf, hawe, hoogwater, hoeke, jellievis, kalm, karavaan, kasteel, klippies, klots, krap, kreef, kus, kuswag, laagwater, lyn, mossels, meeu, muur, nette, onstuimig.

If an Afrikaans-speaking person replies in English to your spoken Afrikaans keep on speaking Afrikaans, and appeal to him/her to help you learn to speak his language. Use the following words in sentences and practise on visitors from the Transvaal or Orange Free State.

Poel, red, reddingsboot, roei, roeispaan, rots, sand, seebamboes, seewier, seil, sinker, skepe, skip, skuim, skuit, skulpe, sout, sonsteek, seester, swem, swemmer, tent, tou, vang, vis, visser, visserman, visstok, vlag, vlak, vuurtoring, wrak, wolke.

(Antwoorde op bladsy a11)

OP REIS

Whether you travel by train, car, sea or air, the problem always seems to be—how to keep the kids occupied. Here is a game. A list of travel words are given and in addition you and your children could read English and Afrikaans notices which appear on all public vehicles, stations, roads, harbours, etc. Use these words and any others you see in full sentences.

Use these sentences. Question one another. Shorten your journey or voyage in a practical, constructive way.

Aansluiting, bagasie, bespreek, buffer, bus, diesel, draai, eerste, elektries, fiets, fluitjie, gang, gelyk, groen, halt, hoof, kaartjies, karavaan, kondukteur, kompartement, kruier, kruising, kussing, laai, ligte, lokomotief, masjinis, motorfiets, ondergronds, oorklim, pad, passasier, perron, rak, rangeer, reisgeld.

(*Antwoorde op bladsy a12*)

Remme, retoer, roete, rook, rooster, salon, seisoen, sinjaal, slaapbank, sleep, sneltrein, spieël, spoed, spoor, spoorweg, steenkool, stoker, stoom, sylyn, toer, tonnel, trok, uitstappie, venster, verkeer, vlerk, vliegtuig, vlug, wa, wasbak, watertenk, wiele, werkers, wissel.

Form sentences with these words and use these sentences when you go on holiday.

(*Antwoorde op bladsy a12*)

INKOPIES (Shopping)

Some of us go shopping almost daily. Many of these words could be used in shops. Construct sentences around these words. Use these sentences when next you go shopping.

Aflewer, assistent, bedien, beleefd, besig, besigheid, bestelling, bestuurder, betaal, beursie, bottel, dosyn, duur, geldlaai, liter, gemerk, goedkoop, half, handel, handsak, ingelê, meter, kassier, klandisie, kleingeld, klerk, koffer, koop, kontant, leeg, mandjie, mark, ons, pakkie, papier.

(*Antwoorde op bladsy a12*)

More words to use in a shop. Form sentences and use these when next you go shopping.

Liter, kilogram, prys, rak, rand, rekening, rol, sak, sent, skaal, skryftafel, spandeer, staanplek, swaar, tel, toedraai, toemaak, toonbank, toonkas, tou, uitverkoping, vars, venster, verkoop, verminder, voldaan, voorraad, voëlsaad, vriendelik, vuil, weeg, winkelier, winskopie, winste.

(*Antwoorde op bladsy a13*)

IN DIE TUIN

Good neighbours discuss their gardening problems across the fence. Here is an opportunity of doing so in Afrikaans. The words below pertain to the garden. Construct sentences and practise these on your neighbours and friends.

Aarde, afdak, bedding, bemesting, besproei, blare, blom, boom, boor, bos, brand, dood, doder, draad, gemeng, gereedskap, graaf, gras, grasperk, grassnyer, groente, grond, hark, hek, heining, humus, kalk, kissie, klip, klim, klimop, kompos, kruiwa, mandjie.

(*Antwoorde op bladsy a14*)

Gardening is an all year round activity. Mum, Dad and all the children can take part. Use these words below in sentences and the whole family can practise on one another. I suggest a plastic cover for the dictionary or one member of the family with clean hands to do the looking-up of words.

Mis, oes, onkruid, pakkie, pes, plant, plavei, rand, roller, rotstuin, ruimte, ryp, saad, siekte, skerp, skêr, slakke, sloot, snoei, sonhuis, stok, strooi, troffel, voëls, vrugte, vuilgoed, vurk, water.

(*Antwoorde op bladsy a14*)

DIE WEER

When your conversation runs dry you can always talk about the weather. These words below, used in sentences, can fill many gaps when strangers meet.

Bak, bedompig, bedruk, betrokke, bewolk, bliksem, blink, bries, byt, deurdrenk, dig, dik, donderweer, donker, droogte, fel, fris, geniepsig, giet, hael, helder, hitte, kapok, klam, klap, klief, koel, koud, lug, matig, mis, motreën, nat, noord, onaangenaam, ongestadig.

(*Antwoorde op bladsy a15*)

Many old farmers love talking about the weather. Increase your weather vocabulary and you will make firm friends with many Afrikaans-speaking farmers. Use these words in sentences and practise them.

Orkaan, pak, papnat, reënboog, rukwind, ryp, smelt, sneeu, sonlig, sonnig, sonskyn, storm, stormagtig, stormwind, stort, strale, suid, swaar, trek, verander, vloed, vlokkies, warrelwind, weerhaan, wes, winderig, winter, woed, ys, ysig.

(*Antwoorde op bladsy a15*)

VERMAAK (Amusement)

There are various forms of amusement but very often the compere can speak only one language. The list of words below may help you to enjoy various forms of entertainment. Use your dictionary, form sentences and use your sentences and mine.

Afrigter, akrobaat, arena, applous, balans, ballet, bioskoop, blêrkas, bloots, blyspel, bollemakiesie, briljant, danser, danseres, dieretuin, draaiorrel, dwerg, feetjie, fietsryer, film, gehoor, goëlaar, gordyn, grammofoon, grappies, hangleer, hoepel, karnaval, kermis, kokosneut, komieklik, konsert, koor, kraampie, kryt, kunstenaar.

(*Antwoorde op bladsy a17*)

The list of words below is used in conjunction with various forms of amusement. Use them in sentences. Use your sentences.

Mimiek, nar, optree, orkes, orrel, paal, passies, perde, platespeler, plaatopname, pop, poppespel, program, saagsels, sanger, sangeres, sirkus, skerm, skou, slim, solo, spel, ster, teater, toegang, towenaar, treurspel, veilig, veiligheidsmat, verhoog, verskeidenheid, vertoon, vervolgverhaal, vuurwerk, wasmodel, vetkryt.

(*Antwoorde op bladsy a17*)

SPORT

All South Africans love sport, whether it be rugby, soccer, tennis, cricket, athletics or something else. Listen to the Afrikaans commentary of matches. Use your sentences when you wish to discuss a match.

Aanval, aflos, amateur, baan, baanblad, beenskutte, buitelyn, doel, doelwagter, dood, duik, dwarslat, end, boul, vang, grens, handskoene, hoek, hardloper, hekke, hitte, hokkie, hoogspring, ingooi, jaer, kantman, kolf, kolfbeurt, kolfblad, kolwer, kopskoot, lak, loslopie, maat, merk, middel.

(*Antwoorde op bladsy a18*)

In South Africa you would probably hear more about sport than any other topic. Use these words in sentences. Join in a discussion on sport. Read articles on sport in the Afrikaans newspapers.

Naelloper, nommer, nul, onkant, oor, pale, pouse, professioneel, punte, pyl en boog, rekord, renbaan, reserwe, rondte, rugby rustyd, seil, skeidsregter, skrum, skyfskiet, spoed, spring, strafskop, stonk, swem, telling, toutrek, trui, vang, veld, verdedig, verklaar, verslaan, vlag, voorspeler, werpskyf.

(*Antwoorde op bladsye a18*)

MENSE SE WERK

The occupations of people afford many opportunities for discussion. Construct sentences with the following words. Discuss occupations with people you meet. Make friends this way. Practise at every possible opportunity.

Advokaat, afslaer, aktrise, apteker, argitek, akteur, askarryer, bakker, bediende, beeldhouer, begrafnisondernemer, bestuurder, bibliotekaris, bloemiste, boekverkoper, boer, bouer, dokter, drukker, elektrisiën, ingenieur, fotograaf, glasnyer, grenswag, groentesmous, haarkapper, haarkapster, hoedemaakster, horlosiemaker, joggie, jokkie, juwelier, kleremaker, kok, kunstenaar, landdros.

(Antwoorde op bladsy a18)

More occupations are listed below. Construct sentences around these words. Use these sentences in your conversations.

Loods, loodgieter, matrone, matroos, modemaakster, nuusagent, omroeper, ondersoeker, onderwyser, onderwyseres, ontdekker, opsigter, polisieman, posbesteller, prokureur, regter, sekretaris, skrynwerker, skrywer, skoenmaker, slagter, smid, snydokter, soldaat, speurder, spysenier, tandarts, tikster, verkoper, verpleegster, verpleër, versierder, verwer, visverkoper, werktuigkundige, ystersmous.

(Antwoorde op bladsy a19)

MY LIGGAAM

We live with our bodies from day to day. If you can use the following words in sentences, you will be able to tell your Afrikaans friends exactly where the aches and pains are.

Aar, adamsappel, been, bekken, blindederm, bloed, boog, bors, brein, duim, dy, elmboog, geraamte, gesig, gewrig, gorrel, hak, hand, hare, hart, heupe, iris, kakebeen, keel, ken, klier, kneukel, knie, knieskyf, kopvel, ledemate, lid, lip.

(Antwoorde op bladsy a19)

Every part of your body remains with you all the time. You can therefore practise these words every day. Say these sentences aloud and those you don't want others to know of, softly. It is important to know your body—in any language.

Long, maag, mangels, middellyf, mond, nael, nek, neus, neusgat, nier, oogappel, ooghare, ooglede, oor, palm, ribbes, romp, ruggraat, sening, senuwees, skedel, skeen, skouer, slagaar, slape, sool, spier, tand, tandvleis, tone, tong, vel, verhemelte, vinger, voorarm, vuis, wang, winkbroue.

(Antwoorde op bladsy a20)

KAMERS EN GEBOUE

We walk and drive past buildings of all kinds every day. Learn these names and construct sentences around them. Use these sentences in everyday situations.

Abdy, ateljee, badhuisie, bank, brouery, chalet, eetlokaal, fabriek, gastehuis, gimnasium, grondverdieping, herehuis, hokkie, hospitaal, hostel, hotel, hut, inrykafee, kafee, kantien, kantoor, kapel, kasteel, katedraal, kelder, kerk, kleedkamer, kleinhuisie, kleuterskool, klooster, kollege, konsistorie, koshuis, krot, kunsgalery.

(*Antwoorde op bladsy a20*)

The names of more buildings are given below. Construct sentences and incorporate these sentences into your vocabulary. Try sentence construction without using your dictionary. Most of the words used below are already known to you.

Mark, melkery, meul, motorhuis, motorhawe, museum, pastorie, paviljoen, poskantoor, salon, sitkamer, skool, skoorsteen, skuur, slaapkamer, stadsaal, studeerkamer, supermark, tempel, toilet, universiteit, vloer, voorkamer, voorportaal, waenhuis, waskamer, winkel, woonstel.

(*Antwoorde op bladsy a21*)

TYD

Man's existence is a fight against time. Know your enemy. Learn these words and use them in sentences.

Aand, daagliks, dadelik, dag, dagbreek, dikwels, eens, eeu, geleidelik, gereeld, gou, half, herfs, horlosie, jaar, jaarliks, kalender, Kersfees, kort, kwart, kwartaal, laaste, laat, later, lente, maande, meteens, middag, middernag, minuut, modern, môre, môreson, na, naand, nag, namiddag, naweek, nou, nou en dan.

(*Antwoorde op bladsy a21*)

Use these words in sentences. These sentences can be used in conversation on any topic, as time watches over us in everything we do.

Oggend, onmiddellik, oomblik, onlangs, oud, Paasfees, periode, pouse, seisoen, selde, skielik, skemer, skrikkeljaar, somer, somtyds, sononder, sonop, snel, stadig, stiptelik, teenwoordig, tweede, uitstel, uur, vakansie, vanaand, vandag, vannag, verlede, vertraag, volgende, vroeg, week, wekliks, wanneer.

(*Antwoorde op bladsy a21*)

BESKRYWING VAN MENSE

Our favourite topic of conversation is people. We like talking about good people and bad people. A list of descriptive words is given below. Next time you feel like a little bit of chatter about your neighbours, do it in Afrikaans. Construct Afrikaans sentences around the following words.

Aangenaam, aantreklik, afstootlik, baard, bleek, blou, broos, bruin, donker, dun, eenvoudig, eerlik, fris, frons, fyn, gaaf, geboë, geklee, gelaatskleur, gemeen, geset, gesond, gespierd, geplooi, gewoonte, glimlaggend, goud, grasieus, grys, hees, kaalkop, klein, klere, kortgeknip, krullerig.

(*Antwoorde op bladsy a22*)

Some more words which describe people. Use these words in sentences. Discuss the people you like or dislike in Afrikaans.

Kuiltjie, lank, lelik, lewendig, lig, maer, maniere, mistroostig, mooi, mond, neus, pragtig, puisies, rooierig, selfsugtig, snobisties, songebrand, snor, sproete, stem, tande, tingerig, trots, uitstaande, uitstekend, vermink, vlegsels, voorkop, vonkelend, vlytig, vernaam, verstandig.

(*Antwoorde op bladsy a22*)

DIE NATUUR

The following list of words describes nature. Form sentences and use these sentences.

Asemrowend, berg, bewolk, blare, bos, bosryk, dal, dammetjie, duin, eiland, fontein, grassaad, groen, grot, hang, heide, heining, heuwel, hoekie, horison, inham, knop, koppie, kronkelend, kruin, landskap, laning, lieflik, lower, majestueus, meer, piek, pienk, pragtig.

(*Antwoorde op bladsy a23*)

Use these words in sentences to describe nature.

Reënboog, reusagtig, rivier, riviermond, rots, rotsagtig, skaduryk, skuinste, sonskyn, spelonk, spruit, stroompie, tamaai, toneel, toppunt, uitsig, vallei, varings, veld, verfrissend, vlei, voetpad, wand, waterval, weiding, windmeul, woestyn, woud, wonderskoon.

(*Antwoorde op bladsy a23*)

BEGRIP (COMPREHENSION)

After having done the first 42 pages, you are not a beginner any longer. You should now have a working knowledge of Afrikaans, quite an extensive vocabulary; knowledge of the most important grammatical rules; correct pronunciation; Afrikaans friends; opportunities to practise speaking; a good start on the road to South African citizenship.

The lessons which now follow should serve the purpose of expanding your existing vocabulary and your comprehension of everyday Afrikaans. I suggest you read each passage aloud; answer the questions which follow in full sentences; use the words and phrases in conversation, and continually say to yourself that you are no longer a beginner. Jump over the no-confidence barrier and speak Afrikaans at every opportunity.

DIE FIETS

'n Fiets het twee groot wiele met baie speke. As 'n mens leer fietsry, val jy gewoonlik baie. 'n Fiets is nuttig in 'n stad, want parkeerplek is altyd 'n probleem. 'n Mens moet die pedale trap as jy vorentoe wil gaan. Die bande word met 'n pomp opgepomp. Jy moet die klokkie lui as daar gevaar kom. Jou fiets se remme moet altyd goed werk.

Vrae:
1. Waarvan word 'n fiets se speke gemaak?
2. Waarom val jy as jy leer fietsry?
3. Hoekom is 'n fiets nuttig in die stad?
4. Wat laat 'n fiets vorentoe beweeg?
5. Waarom moet jou remme goed wees?
6. Waarvoor word die klokkie gebruik?

(*Antwoorde op bladsy a25*)

EEKHORINKIES

(Don't turn to your dictionary to look up the meaning of eekhorinkie.)

Eekhorinkies is klein diertjies wat graag boomklim. Hulle is bruingrys van kleur; het skerp naels, groot oë en 'n waaierstert. As hulle sit, sit hulle gewoonlik onder hul sterte. In die herfs soek hulle neute en akkers. Hulle bêre die voedsel in boomstamme en in gate onder die grond. Hierdie kos eet hulle in die winter wanneer kos skaars is. Hulle spring van boom tot boom. Eekhorinkies is oulike troeteldiertjies.

Vrae: (Beantwoord in sinne.)
1. Waar woon eekhorinkies?
2. Waarom is hulle naels skerp?
3. Waarom soek hulle kos in die herfs?
4. Wat doen hulle met die kos?
5. Watter soort kos eet hulle?
6. Waarom het die klein diertjies sulke groot sterte?
7. Wat is die eekhorinkie se kleur?
8. Noem nog drie soorte troeteldiertjies.

(Antwoorde op bladsy a25)

OESTYD OP 'n KORINGPLAAS

Die koring is in November ryp. Die snymasjien sny die goudgeel koring en dan word die korrels uit die are geslaan en dit vloei in sakke in. Die baler tel die strooi op en pers dit saam in bale. Hierdie strooi word met voer gemeng en aan die beeste gevoer. Die meulenaar maal die koring. Van die meel word brood gebak. Baie koring word in die Westelike Provinsie gekweek.

Vrae: (Gebruik sinne vir jou antwoorde.)
1. In watter maand word koring geoes?
2. Waarmee word koring gesny?
3. Wat doen 'n dorsmasjien?
4. Wat doen die baler?
5. Waarvoor word die strooi gebruik?
6. Waar word die koring gemaal?
7. Waarvoor word meel gebruik?
8. Waar word baie koring gekweek?

(Antwoorde op bladsy a25)

OESTYD OP 'n SUIKERPLAAS

Suiker word vanaf Mei tot Desember geoes. Die suikerriet word met messe afgekap, in bondels vasgebind, en per spoor of per vragmotor na die suikermeule vervoer. Somtyds word die suikerriet eers aan die brand gesteek voordat dit geoes word. Die dooie blare verbrand, maar die suiker self word nie beskadig nie. By die meul word die suikersap uit die suikerriet gepers om ru-suiker te vervaardig. Die ru-suiker word dan geraffineer.

Vrae:
1. Hoe lank duur die oestyd op 'n suikerplaas?
2. Waarmee word suikerriet geoes?
3. Hoe word die riet vervoer?
4. Waarom word die riet somtyds aan die brand gesteek?
5. Wat gebeur met die suikerriet by die meul?
6. Wat gebeur met ru-suiker voordat ons dit eet?

(*Antwoorde op bladsy a26*)

KINDERS

Ons het ses kinders, drie seuns en drie meisies. Elza is die oudste dogter. Sy is sestien jaar oud. Adah is vyftien en Gillian is maar sewe jaar oud. Francis, ons oudste seun, is sewentien, Louis is veertien en George is amper twaalf. Die twee jongstes is in die laerskool. Francis werk al en die ander drie is in die hoërskool. Ons kinders hou ons jonk. Hulle is al ses tweetalig.

Vrae:
1. Hoeveel seuns en hoeveel dogters het ons?
2. Wie is die jongste seun?
3. Wie is die jongste dogter?
4. Watter kinders is in die hoërskool?
5. Waarom is dit goed om kinders te hê?
6. Wat beteken dit om tweetalig te wees?

(*Antwoorde op bladsy a26*)

SALMS

Salms is visse wat net soos die vroulike geslag lief is om teen die stroom op te swem. 'n Mens sien hulle dikwels by 'n waterval of by 'n keerwal. 'n Silwer boog trek deur die lug soos hulle probeer om teen die waterval op te spring en dan stroomop te swem. Somtyds slaag hulle nie die eerste keer nie, dan probeer hulle maar weer totdat hulle dit regkry. Die salm is baie slim en nie maklik om te vang nie. Salm smaak lekker.

Vrae:
1. Waarom is 'n salm soos 'n vrou?
2. Waar sien jy dikwels salms?
3. Wat is die kleur van 'n salm?
4. Wat doen die salm as hy by 'n waterval kom?
5. Hoe weet jy dat 'n salm slim is?
6. Hoe smaak salms?

(*Antwoorde op bladsy a26*)

DIE OESFEES

In sommige kerke is dit nog die gebruik dat die gemeente, wat meesal boere is, op 'n sekere tyd van die jaar van hulle eerste produkte na die kerk bring. Almal is bly op hierdie dag. Hulle dank God vir die oes. Groente, vrugte en diere word kerk toe gebring en almal sing dan lofliedere om God te verheerlik. Hierdie produkte word dan verkoop en die geld word vir die kerk gebruik of anders gee hulle dit aan arm mense wat nie kos het nie.

Vrae: 1. Wanneer word die oesfees gewoonlik gehou?
2. Watter soort produkte word kerk toe gebring?
3. Hoekom bring die mense hulle produkte kerk toe?
4. Hoe dank hulle God vir die oes?
5. Watter soort werk doen die meeste gemeentelede?
6. Wat word hierna met die produkte gedoen?

(*Antwoorde op bladsy a26*)

REKENKUNDE

1. 'n Paal is twee meter drie sentimeter. (*Note*—**meter** en **sentimeter**, not **meters** en **sentimeters**.) Wat is die lengte van drie sulke pale?
2. As ek 'n paal een meter diep plant, hoe lank is die stuk wat bo die grond uitsteek?
3. Elke paal weeg 50,25 kg, wat is die gewig van 4 sulke pale?
4. As elke paal 10 cm dik is, wat is my oom se ouderdom?

Vrae: 1. Hoeveel cm is daar in twee meter drie sentimeter?
2. Hoeveel pale is daar in die eerste som?
3. Watter lengte van die paal is onder die grond in som 2?
4. Hoeveel gram weeg elke paal in die derde som?
5. Wat dink jy van die vierde som?
6. Bereken die korrekte antwoorde op die eerste drie somme.

(*Antwoorde op bladsy a26*)

VISSKUITE

Daar is baie verskillende soorte skuite waarmee mense op see gaan visvang. Ons kry bakkies met twee sitplekke, maar ons kry ook vistreilers en groot fabriekskepe. Hierdie visfabrieke is baie goed toegerus. Daar is gewoonlik 'n hele vloot kleiner skepies om die fabriekskip, net soos 'n hen met haar broeisel kuikens. Die bemanning van so 'n skip bly somtyds vir maande op die oop see.

Vrae: 1. Wat is die naam van die kleinste soort visskuit?
2. Waarmee vang die bemanning van 'n treiler vis?
3. Waarom word die groot skepe fabriekskepe genoem?
4. Waarom is die skip soos 'n hen met kuikens?
5. Wat is die meervoud (plural) van skippie?

(*Antwoorde op bladsy a26*)

STEENKOOL

Steenkool is blink en swart. Baie duisende jare gelede het plante en diere onder die grond begin verander in steenkool, omdat daar baie hitte en drukking diep onder die grond is. Steenkool word onder die grond uitgegrawe. Dit kan brand en verskaf hitte en lig. Dit word in lokomotiewe en kragstasies gebruik om krag te verskaf.

Vrae: 1. Wat is die kleur van steenkool?
2. Hoe lank neem steenkool om te vorm?
3. Watter twee dinge help om steenkool te vorm?
4. Waar word steenkool gedelf?
5. Waarvoor word steenkool gebruik?

(*Antwoorde op bladsy a26*)

RYS

Rys word onder water geplant. Daar is dyke om 'n rysland met sluise daarin sodat water ingelaat of uitgelaat kan word. Die rys word in die modder gesaai en dan trap osse die saad onder die modder in. As die rys opkom is die plantjies baie dig opmekaar. Die rysplantjies word dan uitgedun. Rys is die stapelvoedsel van lande soos Indië en Sjina.

Vrae: 1. In watter lande word baie rys gekweek?
2. Waarom is daar walle rondom 'n rysland?
3. Watter diere help met die kweek van rys?
4. Waarom moet die plantjies uitgedun word?
5. Wat is die stapelvoedsel van die Bantoe in Suid-Afrika?

(*Antwoorde op bladsy a27*)

SKOTTELGOED WAS

Die bediende is nie vanaand daar nie en dis die kinders se beurt om skottelgoed te was, af te droog en weg te pak. Hulle stry altyd oor wie elke soort werk moet doen. Eers moet die koppies en pierings gewas word. Daarna word die messe en vurke gewas. Heel laaste word die potte en panne gewas, want hulle is die vuilste. Die kleinste kind moet wegpak. Sy staan op 'n stoel om by die rak by te kom.

Vrae: 1. Waarom moet die kinders die skottelgoed was?
2. Waarom stry hulle?
3. Wat moet eerste gewas word? Waarom?
4. Hoekom word die potte en panne laaste gewas?
5. Hoe kom die kleinste kind by die rak by?
6. Wat is haar werk?

(*Antwoorde op bladsy a27*)

TEE MAAK

Terwyl die water in die ketel nog nie kook nie, sit ons die koppies, pierings, suikerpot en melkbeker op die skinkbord. Die teepot word met kookwater uitgespoel. Nou gooi ons 'n teelepel teeblare vir elke koppie tee in die teepot. Die kookwater uit die ketel word op die blare gegooi. Laat staan 'n paar minute om te trek. Skink die tee in die koppies.

Vrae: 1. Wanneer word die skinkbord reggepak?
2. Hoekom moet die teepot met kookwater uitgespoel word?
3. Hoeveel teeblare moet ons gebruik?
4. Waarom word die tee nie dadelik geskink nie?
5. Waaruit drink 'n mens tee?

(*Antwoorde op bladsy a27*)

IN DIE DORP

'n Dorp is baie kleiner as 'n stad, want daar is nie baie mense nie. Durban is 'n stad maar Wartburg is 'n dorp. In die dorp is gewoonlik 'n paar winkels, 'n poskantoor, 'n slaghuis, 'n bakkery en 'n kerk. Die kerk het 'n hoë toring met 'n groot horlosie daarin. Die kerkklok lui op Sondae. Al die winkels is op Sondag toe. Net die kafee is oop op Sondag.

Vrae: 1. Wat is die verskil tussen 'n dorp en 'n stad?
2. Wat kan 'n mens in 'n winkel koop?
3. Wanneer kan jy nie by 'n winkel koop nie?
4. Hoe weet die dorpenaars hoe laat dit is?
5. Hoe weet die mense wanneer om kerk toe te gaan?
6. Waar kan ons posseëls koop?
7. Wat verkoop 'n slagter?
8. Waar kan ons op Sondag koeldrank koop?

(*Antwoorde op bladsy a27*)

SPINNEKOPPE

Die tuinspinnekop spin sy spinnerak in die tuin tussen die struike waar baie insekte woon. Die web is taai en bestaan uit 'n aantal dun klewerige draadjies waaraan die insekte vassit. Die spinnekop sit nie aan sy eie web vas nie en hy kan maklik daarop loop want daar is hakies aan sy bene. 'n Vlieg wat in die spinnerak vasvlieg word gou toegespin en wanneer die spinnekop honger is eet hy hom op.

Vrae: 1. Watter soort spinnekop vind ons gewoonlik in ons tuine?
2. Waar spin hy sy web of spinnerak?
3. Waarom sit insekte daaraan vas?
4. Waarom kan die spinnekop maklik op sy eie web loop?
5. Wat doen die spinnekop met sy prooi?
6. Wanneer eet hy sy prooi?

(*Antwoorde op bladsy a27*)

DIE BROEIS HEN

'n Broeis hen lê nie eiers terwyl sy broei nie. Somtyds lê sy 'n klomp eiers in een nes in die veld waar niemand die eiers sal uithaal nie. As sy klaar sowat 15 tot 20 eiers gelê het, sit sy heeldag en heelnag daarop totdat die kuikentjies na 3 weke uitkom. 'n Broeis hen is baie kwaai en verdedig haar broeisel teen enige vyand. Somtyds broei sy ook ander voëls se eiers uit en neem die kuikentjies as haar eie aan wanneer hulle uitkom.

Vrae: 1. Wanneer hou 'n hen op met eiers lê?
2. Waarom lê sy somtyds haar eiers in die veld en nie in die hok nie?
3. Hoe lank neem hoendereiers om uit te broei?
4. Waarom is 'n broeis hen kwaai?
5. Wat gebeur met "vreemde" kuikens wat 'n hoenderhen uitbroei?

(*Antwoorde op bladsy a27*)

ROBBE

Robbe, soos walvisse, is soogdiere wat in die see woon. Hulle word gejag om hulle pragtige velle en boonop smaak robvleis nogal lekker. 'n Rob se voete is ook sy vinne. Hy vind dit moeilik om op land te loop, maar in die water swem hy soos 'n vis. Die rob kan egter nie soos 'n vis onder die water asemhaal nie en dus moet hy kort-kort opkom om asem te skep. Robbe eet kleiner visse.

Vrae:
1. Waarom is 'n rob bekend as 'n soogdier?
2. Waar woon robbe?
3. Waarom word robbe gejag?
4. Waarmee roei 'n rob in die water?
5. Waarom kan 'n rob nie lank onder water bly nie?
6. Watter soort voedsel eet robbe?

(*Antwoorde op bladsy a27*)

APE

In Natal is baie ape. Ons sien ook ape in Durban se hoofstraat, maar ons gesels oor ape wat in bome woon. Ape het hande en voete soos 'n mens, maar hulle het ook lang sterte waarmee hulle aan die takke swaai. 'n Wyfieaap dra haar kleintjie orals met haar saam. Die klein apie klou aan sy ma se hare vas. Die moeder-aap soek graag goggas op haar kleintjie se lyf. As die klein apie stout is, kry hy pak of 'n knyp aan sy boud. Ape word baie gou mak.

Vrae:
1. Ape eet graag vrugte. Watter vrugte in Natal eet hulle graag?
2. Waarmee swaai ape aan boomtakke?
3. Hoe pas die wyfieaap haar kleintjie op?
4. Hoekom val die klein apie nie van sy ma se rug af nie?
5. Wie hou die klein apie se liggaam skoon?
6. Wat gebeur met 'n klein apie wat stout is?
7. As 'n apie mak geword het, is hy 'n oulike .... dier.

(*Antwoorde op bladsy a28*)

INSEKTE

'n Insek het ses pote. Bye, vlieë, kakkerlakke en motte is baie bekende insekte. Daar is meer as sewe honderd en vyftig verskillende soorte insekte. Sommige insekte byt, ander steek en sommige is net lastig. Vlieë behoort nie vlieë genoem te word nie maar "sitte", want hul sit altyd waar hulle nie moet sit nie. Insekte word oral aangetref, maar in warm lande is daar meer insekte as in koue lande.

Vrae:
1. As 'n insek een van sy bene verloor, hoeveel bly oor?
2. Noem drie soorte insekte.
3. Hoeveel soorte insekte is daar?
4. Watter insekte steek?
5. Wat sou 'n beter naam vir vlieë wees?
6. In watter lande word die meeste insekte gevind?

(*Antwoorde op bladsy a28*)

DIE DIERETUIN

'n Dieretuin is 'n plek waar wilde diere in hokke gehou word, sodat mense na hulle kan kyk. 'n Mens moet gewoonlik toegang betaal as jy die dieretuin besoek. Ek hou nie van 'n dieretuin nie, want ek dink dat die wilde diere vry wil wees en nie in hokke nie. 'n Mens sien pragtige voëls en visse sowel as diere vanaf die kleinste tot die grootste in 'n dieretuin.

Vrae: 1. Waarom word wilde diere in hokke gehou?
2. Wat moet 'n mens by die ingang van 'n dieretuin doen?
3. Hou die wilde diere daarvan om in hokke te wees?
4. Behalwe diere, wat kry ons nog in 'n dieretuin?
5. Wat is die grootste dier wat jy ken?
6. Watter dier is bekend as die koning van die diere?

(*Antwoorde op bladsy a28*)

DIE WILDTUIN

Ek hou baie meer van die wildtuin as van die dieretuin. 'n Wildtuin is 'n groot stuk grond waar baie wilde diere in hulle natuurlike omgewing woon. Die Kruger-Wildtuin in Suid-Afrika is een van die beste in die wêreld. Ek dink die Etoshapan-Wildtuin in Suidwes-Afrika is die grootste in die wêreld. Duisende wildsbokke, sebras, wildebeeste, koedoes, gemsbokke en nog baie ander wei in die wildtuin. Daar is ook leeus, tiers, luiperds, kameelperde, renosters en olifante. Die diere is heeltemal vry. 'n Mens bly in kampe in 'n wildtuin.

Vrae: 1. Wat verkies jy— 'n wildtuin of 'n dieretuin?
2. Wat is die verskil tussen die twee?
3. Noem twee bekende wildtuine in Suider-Afrika.
4. Noem drie soorte bokke wat ons in die wildtuin kry.
5. Noem drie soorte roofdiere wat ons kry.
6. Watter groot dier het 'n horing op sy neus?
7. Waarom bly die mense in kampe?

(*Antwoorde op bladsy a28*)

KLERE

Baie jare gelede voordat mense so baie van seks geweet het, het hulle glad nie klere gedra nie. In die koue winter het hulle klei en plantsappe aan hulle gesmeer om warm te bly. Die eerste klere was van die velle van diere gemaak. Hierna het materiaal gekom en mans en vrouens het rokke gedra. Vandag se mense, veral die meisies word soos ons voorouers van duisende jare gelede. Hulle dra al minder en minder klere.

Vrae: 1. Waarom dra diere nie klere nie?
2. Hoe het die oermense warm gebly in die winter?
3. Waarvan was die eerste klere gemaak?
4. Wat het mense in die ou dae gedra?
5. Waarom is die meisies vandag soos die oermense van vroeër?

(*Antwoorde op bladsy a28*)

UILE

Uile is interessante voëls. Hulle het ore soos 'n kat, ronde oë soos albasters en 'n baie skerp snawel. Hulle vang hulle prooi soos muise en rotte in hulle skerp kloue. Uile jag in die nag en bedags slaap hulle gewoonlik in hol boomstamme. Baie mense is bygelowig en wanneer hulle 'n uil hoor skree dink hulle dat iemand sal doodgaan.

Vrae: 1. Hoe lyk 'n uil se ore?
2. Waarom het 'n uil 'n skerp snawel?
3. Waarmee vang 'n uil sy prooi?
4. Watter diertjies is die prooi van uile?
5. Wanneer slaap 'n uil?
6. Wat doen uile snags?
7. Wanneer word sommige mense bygelowig?

(*Antwoorde op bladsy a28*)

OLIFANTE

Die olifant van Afrika is groter as die Indiese olifant. 'n Groot olifant se massa is maklik vyf ton. Die bulle het gewoonlik lang tande. Duisende olifante is al doodgeskiet vir die ivoor van hulle tande. Die olifant sien maar sleg, maar hy kan baie goed hoor en ruik. Hulle kan baie vinnig hardloop en hulle is ook geweldig sterk. In Indië word olifante geleer om allerhande soorte werk te doen. Mense sê 'n olifant vergeet nooit nie. Olifante word baie oud.

Vrae: 1. Watter soort olifant is die grootste?
2. Wat weeg 'n groot bul-olifant?
3. Waarvan is 'n olifanttand gemaak?
4. Watter sintuig van 'n olifant is swak ontwikkel?
5. Wat weet jy van 'n olifant se geheue?
6. Wat weet jy van 'n olifant se gehoor?
7. Wat weet jy van 'n olifant se reuk?

(*Antwoorde op bladsy a29*)

EGIPTE

Egipte is 'n groot land in Noord-Afrika. Nasser was die regeerder van Egipte. Die Nylrivier vloei deur Egipte. Duisende mense is afhanklik van die Nyl. As die Nyl sy walle oorstroom laat dit vrugbare grond agter waarin die Egiptenaars katoen, koring en rog plant. 'n Groot deel van Egipte bestaan uit woestyn. Die Sahara is die grootste woestyn in Afrika. Egipte is beroemd vir sy piramides en die sfinks.

Vrae: 1. Waar is Egipte?
2. Wie het oor Egipte geregeer?
3. Watter groot rivier vloei deur Egipte?
4. Waarom is die Nyl so belangrik vir duisende Egiptenare?
5. Wat is die naam van die woestyn in Egipte?
6. Watter beroemde geboue kry ons in Egipte?

(*Antwoorde op bladsy a29*)

TENNIS

Tennis kan deur twee, drie of vier mense op 'n keer gespeel word. As drie mense speel is daar twee aan die een kant van die net en een aan die ander kant. Die persoon wat alleen speel se telling word gehou asof hy enkelbaan speel. Die speler wat moet afslaan met sy raket moet die bal oor die net in die diensbaan slaan. Hulle speel voorarmdryfhoue, vlughoue, rughandhoue en somtyds sommer soplepelhoue. In Suid-Afrika is daar baie goeie tennisspelers. Sommige speel beroepstennis.

Vrae: 1. Met watter soort hou begin 'n tenniswedstryd?
2. Wat is in die middel van die tennisbaan?
3. Waarmee word die bal geslaan?
4. Noem drie soorte houe wat geslaan word?
5. Wat is 'n soplepelhou?
6. Noem twee beroemde Suid-Afrikaanse tennismaats.
7. Noem twee Suid-Afrikaners wat beroepstennis speel.

(*Antwoorde op bladsy a29*)

KAMEELPERDE

Kameelperde is snaakse diere. Hulle koppe is tot 6 meter van die grond af. Hy het twee stomp horinkies. Sy voorbene is so lank dat hy hulle wyd uitmekaar moet plaas as hy wil water drink. Kameelperde het geweldige lang nekke en hulle eet graag die blare in die toppe van bome. Hulle is geelbruin van kleur met kolle oor die hele lyf. 'n Kameelperd het pragtige ooghare—soms tot 8 cm lank. Hulle kan vinnig hardloop en ver sien.

Vrae:
1. Hoe hoog is die kameelperd se kop van die grond af?
2. In watter opsig is hy soos 'n bees?
3. Wat doen 'n kameelperd as hy water drink?
4. Wat eet kameelperde?
5. Hoe lyk sy vel?
6. Watter deel van die kameelperd sou meisies graag wou hê?
7. Dis moeilik om 'n kameelperd te vang. Waarom?

(*Antwoorde op bladsy a29*)

KOEIE

'n Koei is 'n soogdier wat haar kos herkou. Die koei het twee skerp horings om honde mee weg te ja. Haar stert jaag vlieë weg. Onder aan die koei hang haar uier met vier spene. As ons 'n koei melk, moet ons die spene trek. Die melk kom uit die uier. Daar is baie verskillende soorte koeie soos Jerseys, Friese, Afrikaners, Switserse koeie, ens. Die Jersey is baie mak en haar melk is baie ryk aan bottervet. 'n Baba van die koei is 'n kalfie.

Vrae:
1. Wat beteken die woord—herkou?
2. Wat doen die koei met haar horings?
3. Wat hang onder aan die koei?
4. Wat is daarin?
5. Hoe moet 'n mens melk uit die koei kry?
6. Noem drie verskillende soorte beeste.
7. Watter soort koei gee baie ryk melk?
8. Waar kry 'n kalfie sy kos?

(*Antwoorde op bladsy a29*)

REËN

Mense in enige land van die wêreld is afhanklik van reën. Op 'n warm dag verdamp die water in die see, in riviere en damme en die waterdamp styg op en pak aan die stofdeeltjies in die lug om wolke te vorm. 'n Wolk word later so vol en swaar dat hy sy vrag weer afgooi. Hierdie vrag val terug op die aarde in die vorm van reën. Reën laat plante groei, en alle lewende diere is op een of ander manier van plante afhanklik.

Vrae: 1. Hoe word waterdamp gevorm?
2. Hoe word wolke gevorm?
3. Waarom is alle mense en diere van reën afhanklik?
4. Waarom val die reën uit die wolke?
5. Wat is die swaarste, water of waterdamp?
6. In watter lande reën dit die meeste?

(*Antwoorde op bladsy a29*)

RUIMTESKEPE

Oor 'n honderd jaar sal u miskien met u jaarlikse vakansie op Mars kan gaan kuier. Die ruimteskepe wat reeds gebou is, is geweldig groot. Dit bestaan uit 'n kapsule en vier of meer vuurpyle wat een na die ander afgevuur word. Sodra die eerste uitgebrand is, neem die tweede vuurpyl oor en die ruimteskip skiet verder en vinniger die ruimte in. Naby Mars sal valskerms en tru-vuurpyle gebruik moet word sodat die ruimteskip saggies kan land. Passassiers sal hulle eie suurstof moet saamneem, want Mars het seker nie suurstof soos die aarde nie. Hulle sal ook warm klere moet saamneem.

Vrae: 1. Wat is Mars?
2. Waarmee sal 'n mens na Mars kan reis?
3. In watter deel sal die passassiers sit?
4. Waarmee beweeg die skip?
5. Waarmee sal die skip moet land?
6. Waarom sal ons self moet suurstof saamneem?
7. Waarom moet hulle warm klere saamneem?

(*Antwoorde op bladsy a30*)

VOLSTRUISE

Volstruise is die grootste soort voëls in die wêreld. Eintlik is hulle nie ware voëls nie, want hulle kan nie vlieg nie. Hulle kan wel tot 60 km/h hardloop. 'n Volstruis het geweldige sterk bene met net twee tone aan elke poot. Pas op, hy kan gevaarlik skop. Die vere van volstruise is baie duur, want 'n dame dra graag 'n volstruisveerjas of 'n volstruisveer in haar hoed. Verestoffers word van die kort vere gemaak, terwyl die vel gebruik word om duur handsakke en skoene te maak. 'n Volstruiseier staan gelyk aan min of meer 24 hoendereiers. Die Boesmans het jare gelede die volstruiseierdoppe gebruik om krale mee te maak en om water in te bêre. Volstruisbiltong smaak nie te sleg nie.

Vrae: 1. In watter land word die grootste voëls in die wêreld gevind?
2. Waarom is volstruise nie ware voëls nie?
3. Hoe vinnig kan 'n volstruis hardloop?
4. Hoeveel tone het hy aan elke poot?
5. Waarom is volstruisvere so duur?
6. Wat word van die vel gemaak?
7. Wat het die Boesmans vroeër met die doppe gedoen?
8. Hoeveel hoendereiers gaan in een volstruiseier?
9. Wat is biltong?

(*Antwoorde op bladsy a30*)

HONDE

Honde en perde word die mens se beste vriende genoem. 'n Hond is getrou aan sy baas en die meeste honde is baie intelligent. Speurders en die polisie gebruik groot, slim, kwaai honde om misdadigers op te spoor of om oproerige mense uitmekaar te jaag. Honde word ook gedurende die oorlog gebruik om reddingswerk te doen en om boodskappe te dra. Ons honde pas snags ons huise op. Vir al hierdie diens vra hy net kos en slaapplek.

Vrae: 1. Wanneer is 'n vriend 'n goeie vriend?
2. Hoe weet jy dat honde intelligent is?
3. Waarvoor gebruik die polisie en speurders honde?
4. Waarvoor word honde gedurende die oorlog gebruik?
5. Wat doen ons honde snags?
6. Watter beloning moet ons honde kry?

(*Antwoorde op bladsy a30*)

TEE

Die drank wat seker deur die meeste mense dwarsdeur die wêreld gedrink word is tee. Bekende soorte tee is Sjinese tee met sy heerlike reuk; Ceylon-tee wat op die eiland gekweek word, en Russiese tee wat eintlik tee sonder melk is met 'n stukkie suurlemoen daarin. Tee les 'n mens se dors. Tee behoort in dun ligte koppies bedien te word. 'n Fynproewer sal nooit suiker in sy tee gooi nie. Voordat 'n mens tee drink, moet dit eers trek, anders is dit flou en smaakloos.

Vrae: 1. Watter drank word deur die meeste mense gedrink?
2. Waarvoor is Sjinese tee bekend?

3. Naby watter groot land is die eiland Ceylon?
4. Wat word bedoel met Russiese tee?
5. Hoe behoort tee bedien te word?
6. Waarom gooi 'n fynproewer nie suiker in sy tee nie?
7. Hoe smaak flou tee?

(*Antwoorde op bladsy a30*)

GAAR KOS

Baie eeue gelede het mense rou kos geëet. Eendag was daar 'n geweldige donderstorm. Die weerlig het 'n boom getref en 'n hele groot oerwoud het begin brand. Die bokkies en ander diere het gevlug voor die vuur, maar baie van hulle kon nie ontsnap nie en het doodgebrand. Na die brand het een van ons voorouers 'n gebraaide bokkie gevind. Hy het die bokkie aangeraak en toe sy vingers afgelek. Hy het gehou van die smaak en van toe af lekker, sagte, gaar vleis in plaas van taai, rou vleis geëet.

Vrae: 1. Waarom het die oermense rou kos geëet?
2. Wat het gebeur toe die weerlig 'n boom getref het?
3. Hoekom het die wilde diere gevlug?
4. Waarom het sommige bokkies doodgebrand?
5. Wie het 'n gebraaide bokkie gevind?
6. Wat het hy met die bokkie gedoen?
7. Wat het hy van die smaak gedink?
8. Waarom is gaar vleis lekkerder as rou vleis?

(*Antwoorde op bladsy a30*)

HOUT

Papier en meubels word van hout gemaak. In die koue noordelike lande word die bome afgesaag en na die rivier gesleep. As die ys in die riviere smelt, dryf die duisende boomstamme af tot by die houtmeul. By die meul word die bome gesaag. Die dun boomtoppe word fyngepers en daarvan word papier gemaak. Ons leesboeke en skryfboeke was voorheen dele van 'n boom. Die dik stompe word in planke opgesaag, drooggemaak en meubels word daarvan gemaak.

Vrae: 1. In watter lande word die meeste woude gevind?
2. Wat gebeur met die boom nadat dit afgesaag is?
3. Waarheen gaan die boomstamme as die ys smelt?
4. Wat word van die dun boomtoppe gemaak?
5. Wat maak hulle van die dik stamme?
6. Waarom moet die hout drooggemaak word?

(*Antwoorde op bladsy a30*)

TANDE BORSEL

Kinders hou nie daarvan om tande te borsel nie. Hulle moet gewoonlik dieselfde soort tandepasta as hulle ouers gebruik. Dikwels is dié pasta te skerp en kinders hou nie van die smaak nie. 'n Mens kry egter tandepasta wat lekker smaak. Dit is baie belangrik dat 'n mens jou tande borsel. Vuil tande lyk lelik en boonop laat dit jou asem sleg ruik as daar ou voedsel tussen die tande vassit. Kosse wat nie uitgeborsel word nie, veroorsaak tandverrotting.

Vrae:
1. Noem tweede redes waarom kinders nie graag tande borsel nie.
2. Waar koop 'n mens tandepasta?
3. Hoe lyk vuil tande?
4. Wat doen dit aan 'n mens se asem?
5. Wat word deur ou voedsel tussen die tande veroorsaak?

(*Antwoorde op bladsy a31*)

DIE KERK

Die kerk is 'n belangrike gebou in elke dorp. Die hoë kerktoring kan van ver af gesien word. In die kerk is daar banke waarop die gemeente sit. Die orrel speel as die mense sing. Die diakens neem die kollekte op. Die ouderlinge en die predikant doen huisbesoek. In die konsistorie vergader die kerkraad. Langsaan die kerk is die pastorie waar die dominee woon. Babas word gedoop en paartjies trou in die kerk.

Vrae:
1. Op watter dag van die week word kerk gehou?
2. Hoe weet 'n mens waar die kerk in 'n dorp is?
3. Waarop sit die gemeente?
4. Wie samel die kollekte in?
5. Wat is die werk van die ouderlinge?
6. Wat doen die predikant van die preekstoel af?
7. Waar vergader die kerkraad?
8. Waar woon die predikant?
9. Wat word met babas in die kerk gedoen?

(*Antwoorde op bladsy a31*)

VOOR DIE EERSTE MENS

Diere is lank voor dié mens geskape. Miljoene jare gelede het daar vreeslike groot diere, so groot soos 'n lokomotief, op die aarde gewoon. Bene van dié diere word van tyd tot tyd gevind, diep onder die aarde waar hulle gewoon het voordat al die grond daarop gewaai en gespoel het. Jules Verne het baie interessante stories oor die diere vertel in sy boek—*Journey to the centre of the earth*.

Vrae: 1. Wie is die eerste geskape, die mens of die diere?
2. Hoe groot was sommige van die oerdiere?
3. Hoe weet ons dat hulle bestaan het?
4. Waarom vind ons hulle bene so diep onder die grond?
5. Watter boek vertel ons meer van dié diere?

(*Antwoorde op bladsy a31*)

PIKKEWYNE

Die volstruis is nie die enigste voël wat nie kan vlieg nie. Pikkewyne kan nie vlieg nie, maar hulle kan goed swem. As hulle stap, waggel hulle soos 'n dronk man wat sonder sy baadjie van 'n dansparty af kom. 'n Groot pikkewyn word tot 1 meter lank. Hulle lê hulle eiers in 'n klipnes. Wanneer hulle broei word die eiers in 'n soort sak tussen die voete gehou. Pikkewyne is baie lief vir vis.

Vrae: 1. Waarom het pikkewyne vlerke as hulle nie kan vlieg nie?
2. Wat kan hulle baie goed doen?
3. Hoe groot word 'n pikkewyn?
4. Hoe stap 'n pikkewyn?
5. Hoe lyk 'n pikkewyn se nes?
6. Hoe word die eiers uitgebroei?
7. Watter soort kos eet hulle graag?

(*Antwoorde op bladsy a31*)

RIETDAKKE

Die meeste Bantoe-huise en baie mooi groot blanke-huise het rietdakke. Soms word dit 'n strooidak of grasdak genoem. Nadat die mure van die huis gebou is, word die raamwerk van die dak gemaak en dun dwarslatte word tussen die dik balke vasgeslaan. Die riete word nou van onder af gelê en aan die dwarslatte vasgemaak. 'n Dekspaan word gebruik om die ente van die riete of strooi mooi gelyk te slaan. 'n Rietdak is heerlik koel in die somer en warm in die winter. Die enigste nadeel is dat dit baie maklik brand. Dis 'n kuns om 'n grasdak te dek.

Vrae: 1. Waar in Suid Afrika kry ons die meeste rietdakke?
2. Waaraan word die riete of strooi vasgebind?
3. Watter deel van die dak word eerste gedek?

4. Watter gereedskap word gebruik?
5. Waarom is 'n strooidak gerieflik in die somer?
6. Waarom is dit gerieflik in die winter?
7. Wat is die nadeel aan grasdakke verbonde?
8. Is dit maklik om 'n dak te dek?

(*Antwoorde op bladsy a31*)

KULLERY

'n Sterker woord vir kul is verneuk. In die ou dae was daar baie kullery voordat liniale en skale gemaak is soos ons dit vandag ken. Mense het met klippe geweeg en met stokke gemeet. Koper geldstukke is blinkgevryf om soos goud te lyk. Bakkers het stukke deeg afgesny voordat die brood in die oond gaan. Kruidenierssware is natgemaak om meer te weeg. Slagters het slegte vleis verkoop. 'n Stuk gom onder aan 'n skaalbak het die gewig vermeerder. Wette is gemaak om die kullery stop te sit. Vandag moet skale gereeld getoets word en standaardmate en -gewigte word orals gebruik.

Vrae: 1. Om te kul is .... eerlik.
2. Watter soort skale is lank gelede gebruik?
3. Waarmee het hulle lengte gemeet?
4. Hoe is met geld gekul?
5. Hoe het bakkers gekul?
6. Hoe het winkeliers gekul?
7. Hoe is die kullery stopgesit?
8. Hoe weet ons dat die skaal in die winkel van vandag reg weeg?

(*Antwoorde op bladsy a31*)

DIE HOSPITAAL

By die hospitaal word siek mense verpleeg. Hulle word pasiënte genoem en die verpleërs en verpleegsters verpleeg hulle. Verpleging is 'n baie edel werk, maar dis ook moeilik want hulle moet lang ure werk. Die siekes moet versorg word en medisyne kry. Koorse word gemeet en die hartklop word by die pols gevoel. 'n Grafiek bo die pasiënt se bed wys vir die dokter hoe die pasiënt vorder. Die hoof van 'n hospitaal is die matrone. Snydokters of chirurge soos Dr Barnard doen moeilike operasies in die teater.

Vrae: 1. Wat is 'n ander naam vir siek mense?
2. Watter werk doen verpleegsters?
3. Hoekom is dit 'n edel werk?
4. Hoe weet jy dat dit moeilike werk is?

5. Wat moet die pasiënte drink om gesond te word?
  6. Waarmee word jou koors gemeet?
  7. Waar voel 'n mens jou hartklop?
  8. Wat noem ons die tekening bokant die pasiënt se bed?
  9. Wie is die hoof van 'n hospitaal?
 10. Watter soort dokter is Dr Chris Barnard?

(*Antwoorde op bladsy a32*)

VLERMUISE

Vlermuise lyk soos muise met vlerke behalwe dat hulle nie sulke lang sterte het nie. By geboorte is 'n vlermuis blind en amper kaal. Vlermuise vlieg in die nag en woon graag in 'n donker grot. 'n Vlermuis sal nooit in 'n muur of in mekaar vasvlieg nie. Hulle het iets soos radar wat hulle waarsku voordat hulle in die donker teen mekaar vasvlieg. Die geluid wat hy maak is so hoog dat baie min mense dit kan hoor. As hulle slaap hang hulle onderstebo aan die dak van die grot. Uile is lief vir vlermuisvleis.

Vrae: 1. Hoe het vlermuise hulle naam gekry?
  2. Hoe lyk hulle by geboorte?
  3. Wanneer vlieg hulle rond?
  4. Hoekom vlieg hulle nooit in iets vas nie?
  5. Watter soort geluid maak hulle?
  6. Hoe slaap hulle?
  7. Wat is hulle grootste vyand?

(*Antwoorde op bladsy a32*)

SY

Sy word deur sywurms gemaak. In lande soos Sjina is daar baie sywurms. Kinders in Suid-Afrika hou ook graag sywurms aan. Hulle eet graag moerbeiblare. Enige blaar of plant bevat sellulose. In die sywurm se maag word die sellulose verander in sy. Net onder die sywurm se mond is twee klein gaatjies waaruit 'n vloeistof kom. Sodra dit in die lug kom word die vloeistof pragtige sydrade. Die sywurm spin 'n koekon van sy. In die fabriek word die koekon afgerol en symateriaal word van die sy gemaak.

Vrae: 1. In watter land kry ons baie sy?
  2. Wat eet sywurms?
  3. Hoe word sy gemaak?
  4. Waar kom die sy-vloeistof uit?
  5. Wat gebeur as dit in die lug kom?
  6. Wat noem ons die bolletjie sy wat die sywurm spin?
  7. Waar word dit afgerol?

(*Antwoorde op bladsy a32*)

HUISE

Die eerste mense het sommer in grotte en gate gewoon. As dit warm was, het hulle in 'n boom of 'n bos geslaap. Die Boesman bou selfs vandag nog nie huise nie. Later het die oermens 'n skuiling van takke gemaak om hom teen wilde diere te beskerm. Huise is later van houtpale, takke en klei gemaak. Later eers het rou stene van klei gekom totdat hulle geleer het om die kleistene te bak in 'n oond sodat ons vandag bakstene gebruik.

Vrae:
1. Waar het die oermense in die winter gewoon?
2. Waar het hulle in die somer geslaap?
3. Waarom het hulle huise begin bou?
4. Hoe het die eerste "huis" gelyk?
5. Watter mense lewe vandag nog soos die oermense?
6. Waarvan is rou stene gemaak?
7. Wat is bakstene?

(*Antwoorde op bladsy a32*)

PIESANGS

Natal is Piesangland ofskoon daar ook baie piesangs in Oos-Transvaal gekweek word. Al die ape en mense van Natal hou baie van piesangs. Voordat jy 'n piesang kan eet, moet jy eers die skil aftrek. Die heerlike sagte vrug is baie gesond. Piesangs groei aan bome. Elke boom dra net een bos piesangs. Nadat die piesangs groot genoeg uitgeswel het, word die bos afgepluk en gebêre om ryp te word. Die boom word afgekap, fyngekap en in die grond ingewerk om as bemesting te dien vir die volgende boompie wat uit dieselfde wortel groei. Die piesangbome het groot blare.

Vrae:
1. Waarom word Natallers die piesangkêrels genoem?
2. Watter diere veral, hou baie van piesangs?
3. Wat moet jy doen voordat jy 'n piesang kan eet?
4. Hoeveel bosse piesangs groei aan 'n boom?
5. Wanneer word die piesangs gepluk?
6. Wat gebeur met die piesangboom nadat die piesangs gepluk is?
7. Hoe word die nuwe boom gevorm?
8. Hoe lyk 'n piesangboom se blare?

(*Antwoorde op bladsy a32*)

WALVISSE

Walvisse is die grootste soogdiere wat vandag nog leef. Sommige walvisse is 30 meter lank en hulle massa is omtrent 3 ton per meter. 'n Soogdier is 'n dier wat haar kleintjie aan haar laat drink. Die walvis se kleintjie drink aan die moeder terwyl sy stadig swem of in die see rus. 'n Walvis het 'n dik, sterk vel met 'n vetlaag daaronder wat soms tot 60 cm dik is. Die walvis het longe maar kan vir 1 uur onder water bly sonder om asem te haal. Voordat hy afduik haal die walvis diep asem. As hy opkom vir lug, word hierdie ou lug uitgeblaas met water en dit vorm die hoë straal wat regop in die lug ingeblaas word deur die walvis se neusgate. Walvisse word met harpoene geskiet. Die harpoen is met 'n lang staal draad aan die walvisboot vas.

Vrae: 1. Wat is 'n soogdier?
2. Wat is die massa van 'n walvis wat 20 meter lank is?
3. Hoe dik is die vet onder 'n walvis se vel?
4. Waarmee haal 'n walvis asem?
5. Wat word uitgeblaas as hy opkom na die oppervlakte?
6. Waardeur word dit uitgeblaas?
7. Waarmee word walvisse gejag?
8. Hoekom kan 'n walvis wat geskiet is, nie ontsnap nie?

(*Antwoorde op bladsy a32*)

PIGMEË

In Midde-Afrika woon 'n stam van baie klein mensies wat deur die woude swerf en jag met pyl en boog. 'n Volgroeide Pigmee is maar sowat 1 meter lank. Hulle weet niks van boerdery of ander handewerk nie en behalwe vleis wat hulle skiet, eet hul bessies en wortels van plante. 'n Hele Pigmee-familie woon in 'n klein hut van takke en blare. Hulle taal is baie moeilik om te verstaan. Hulle is dapper mensies en met hulle primitiewe wapens jag hulle olifante, leeus en tiers.

Vrae: 1. Gee 'n ander woord vir klein mensies.
2. Woon die Pigmeë altyd op dieselfde plek?
3. Hoe groot word 'n Pigmee?
4. Watter kos eet die Pigmeë?
5. Hoe weet jy dat hulle dapper is?
6. Waarvan word hulle huise gebou?
7. Watter wapens gebruik hulle?
8. In watter lande woon die Pigmeë?

(*Antwoorde op bladsy a32*)

JAN VAN RIEBEECK

Jan van Riebeeck en omtrent 200 mans, vrouens en kinders het op 6 April 1652 met drie skepies in Tafelbaai aangekom. Hulle het tuin gemaak op 26 akker grond. Hulle het in tente en houthuise gewoon. 'n Fort is gebou om hulle teen wilde diere te beskerm. Voordat hulle vrugte en groente gereed was om te eet, het hulle gelewe van die vleis van seekoeie wat hulle geskiet het en van die droë kos wat hulle uit Holland saamgebring het. Ander mense wat in daardie dae aan die Kaap die Goeie Hoop gewoon het was Boesmans, Hottentotte en Strandlopers.

Vrae: 1. Met watter 3 skepies het Van Riebeeck en sy mense na Suid Afrika gekom? (Vind uit by u kinders.)
2. Hoeveel mense altesame het aan die Kaap aan wal gestap?
3. Op watter datum het Van Riebeeck geland?
4. Hoe groot was hulle tuin?
5. Waarom moes hulle 'n fort bou?
6. Waarvan het hulle gelewe?
7. Watter ander mense het toe aan die Kaap gewoon?

(*Antwoorde op bladsy a32*)

HUIS BOU

Voordat jy 'n huis kan bou moet jy eers die grond koop. 'n Argitek stel die planne op en die stadsraad moet dit goedkeur. Nou vra 'n mens vir bou-aannemers om te tender vir die bouwerk. Sommige mense bou self oor naweke en namiddae. Die fondamente word gelê. Die messelaar bou die mure en messel dit mooi glad. Skrynwerkers maak die vensters en sit die dak se raamwerk op. Daarna word die dak opgesit en die verwers kom laaste om die kamers van binne en die hele huis van buite te verf. Vandag is die boukoste baie hoog en bougenootskappe verskaf lenings.

Vrae: 1. Wat moet jy doen voordat jy kan huis bou?
2. Wat doen 'n argitek?
3. Wie moet die planne goedkeur?
4. Wat doen die messelaar?
5. Wat doen 'n skrynwerker?
6. Watter mense doen die verfwerk?
7. Waar kan 'n mens geld leen om 'n huis te bou?

(*Antwoorde op bladsy a32*)

GRAPPIES

If you can raise a genuine laugh by telling a joke in Afrikaans, you have definitely made progress. Try these on your friends.

1. Spreker in die parlement: Meneer die Speaker, die helfte van die agbare lede is swape.
   Speaker: Die agbare lid moet sy woorde terugtrek.
   Spreker: Goed, meneer die Speaker, die helfte van hulle is nie swape nie.
2. Rooikop: Waar is jou hare? Was jy te laat toe hare uitgedeel is?
   Pankop: Ja man, ek was 'n bietjie laat. Toe ek daar kom, was daar nog net rooi hare en ek wou hulle nie hê nie.
3. Mnr Smit: Waarom gaan jy skool toe met die leer op jou rug, Van der Merwe?
   Van der Merwe: Ek is nou in die hoërskool.
4. Piet: Wat doen jy daar bo in die boom, Van der Merwe?
   Van der Merwe: Ek is 'n takbestuurder.
5. Immigrant: Meneer, ek het vyf bobbejane op jou plaas geskiet.
   Boer: Man, dis nie bobbejane nie, dis die hele Van der Merwe-familie wat jy doodgeskiet het.
6. Eerste Gamat: Gamat, waarom "move" die see dan so? Hy is nooit stil nie maar "move" altyd.
   Tweede Gamat: As jy visse en krappe in jou "bottom" het sal jy ook "move".

DIE STEM

All true South Africans should know the words of our National Anthem in both languages. The first verse is given below in English and in Afrikaans.

> Ringing out from our blue heavens, from our deep seas breaking round.
> Over everlasting mountains where the echoing crags resound.
> From out plains where creaking wagons cut their trails into the earth—
> Calls the spirit of our country, of the land that gave us birth.
> At Thy call we shall not falter, firm and steadfast we shall stand:
> At Thy will to live or perish, our South Africa, dear land.

* * * *

Uit die blou van onse hemel, uit die diepte van ons see,
Oor ons ewige gebergtes waar die kranse antwoord gee,
Deur ons ver verlate vlaktes met die kreun van ossewa—
Ruis die stem van ons geliefde, van ons land Suid-Afrika.
Ons sal antwoord op jou roepstem, ons sal offer wat jy vra:
Ons sal lewe, ons sal sterwe, ons vir jou Suid-Afrika.

C. J. Langenhoven, one of South Africa's most brilliant sons, wrote the words. The music was composed by another famous South African—M. L. de Villiers.

SARIE MARAIS

Die Stem van Suid-Afrika is ons Volkslied (National Anthem).
Sarie Marais is 'n baie bekende volksliedjie (folk song).

My Sarie Marais is so ver van my hart,
Maar'k hoop om haar weer te sien.
Sy het in die wyk van die Mooirivier gewoon,
Nog voor die oorlog het begin.

Koor: O bring my terug na die ou Transvaal,
        Daar waar my Sarie woon,
        Daar onder in die mielies by die groen doringboom,
        Daar woon my Sarie Marais.

Ek was so bang dat die kakies my sou vang,
En ver oor die see wegstuur.
Toe vlug ek na die kant van die Upington se sand,
Daar onder langs die Grootrivier.
Verlossing het gekom en die huistoe gaan was daar,
Terug na die ou Transvaal;
My liewelingspersoon sal seker ook daar wees,
Om my met 'n kus te beloon.

Join in when next you hear this song being sung.

VLIEGTUIE

Dis moelik om te glo dat daar 70 jaar gelede nog geen vliegtuie was nie. Daar was sweeftuie sonder motore maar in 1903 is die eerste vliegtuig met 'n petrolmasjien deur die Wright-broers gebou. Die masjien het 80 kg geweeg en het 12 perdekrag ontwikkel. Die loods het plat op sy maag langs die masjien gelê om die massa te balanseer. Die nuutste vliegtuie het sitplek vir meer as 300 mense en kan twee keer so vinnig soos die spoed van klank vlieg. Hy word deur spuitmotore aangedryf en kos meer as honderdmiljoen rand. Van binne lyk hy soos 'n hotel, 'n ware olifant in vergelyking met die vlooi wat die Wright-broers gebou het

Vrae: 1. Wie het die eerste vliegtuig gebou?
      2. Wat noem ons 'n vliegtuig sonder 'n masjien?
      3. Hoeveel sitplekke het die eerste vliegtuig gehad?
      4. Wanneer is dié vliegtuig gebou?
      5. Hoeveel sitplekke het die grootste vliegtuig van vandag?
      6. Hoeveel km/h kan hy vlieg?
      7. Watter soort motore het die vliegtuig?
      8. Hoeveel rand kos hy?

(*Antwoorde op bladsy a34*)

DIE VERKLEURMANNETJIE

Die groen reptiel sit op 'n tak en met sy groot ronde uitpeuloë kyk hy in alle rigtings. Hy soek kos, en hy is baie lief vir vlieë. Daar sien hy 'n vlieg. Stadig kruip hy nader. Sy voetjies klou om die takke vas. Sy kleur verander na bruin, want die blare tussen hom en die vlieg is bruin. Nou is hy naby genoeg. Sy lang klewerige tong skiet vorentoe en krul om die vlieg vas. Hy rol sy tong soos 'n katrol van 'n visstok weer in en smaaklik en stadig geniet die verkleurmannetjie sy ontbyt.

Vrae: 1. Watter soort dier is 'n verkleurmannetjie?
      2. Hoe lyk sy oë?
      3. Watter soort voedsel eet hy graag?
      4. Hoekom val hy nie van die tak af nie?
      5. Waarom verander hy van kleur?
      6. Waarmee vang hy sy prooi?
      7. Hoe bring hy sy kos na sy mond toe?
      8. 'n Ander naam vir die verkleurmannetjie is trapsuutjies. Hoekom het hy die naam gekry?

(*Antwoorde op bladsy a34*)

MIERE

Klim op die dak van 'n hoë gebou en kyk af na die straat. Die mensies en motortjies beweeg net soos miere by 'n miernes. In so 'n miernes is duisende miere. Hulle het ses bene en werk baie hard. Die wyfies lê eiers; die werkers soek kos, voer die klein miertjies en pas die nes op. Die mannetjies is lui en werk nie juis nie. 'n Miershoop is somtyds 4 meter hoog bokant die grond en somtyds is die mierkolonie onder die grond tot 15 meter diep. Miere word vanuit die lug bespuit. Hulle dra self die gif wat aan grassies vassit in hulle nes in en op die manier word hulle uitgeroei.

Vrae:
1. Waarom lyk 'n straat soos 'n miernes as jy van bo af kyk?
2. Hoeveel bene het 'n mier?
3. Watter werk doen die wyfies?
4. Watter drie soorte werk doen die werkers?
5. Wat doen die mannetjies?
6. Hoe groot is 'n mierkolonie somtyds?
7. Hoe word miere uitgeroei?

(*Antwoorde op bladsy a34*)

POTTEBAKKERY

Pottebakkery is 'n verlore kuns. Omtrent 5 000 jaar gelede is die pottebakkerswiel vir die eerste keer gebruik. Die nat klei word op 'n ronde plaat geplaas en met die voet word die plaat in die rondte gedraai. Die pottebakker gebruik sy hande en ander instrumente om die klei te vorm. Mooi blompotte, waterkanne, skottels en potte word gemaak. Hierna word dit in 'n oond geplaas en stadig drooggebak. As die oond te warm is of onegalig verhit word sal die kleipotte kraak. Nadat hulle klaar gebak is, word hulle geverf in allerhande pragtige patrone.

Vrae:
1. Waarom is pottebakkery 'n verlore kuns?
2. Wanneer is die pottebakkerswiel die eerste keer gebruik?
3. Waarmee word die wiel gedraai?
4. Waarmee word die klei gevorm of gefatsoeneer?
5. Wat is 'n oond?
6. Waarom moet kleipotte stadig gebak word?
7. Wat word op die potte geverf?

(*Antwoorde op bladsy a34*)

PAPIER

In die ou dae het mense op klippe "geskryf" deur met beitels allerhande simbole uit te kap. Hierna is geskryf op papirus, 'n plant van Egipte of op perkament en hierdie ,,boeke" is in rolle bewaar. Papier is later in Sjina uitgevind. Lappe, water en gom is saam gekook, op 'n sif geplaas sodat die water kan afloop en dan drooggemaak. Die sifmerke kan op handgemaakte papier gesien word. Vandag word die meeste papier van houtpap gemaak en in boeke gebind. Boeke neem baie minder plek op as rolle papirus of perkament.

Vrae: 1. Wat was die oermense se skryfboek?
2. Wat is papirus?
3. Hoe het 'n perkament-"boek" gelyk?
4. In watter land is papier uitgevind?
5. Hoe is die papier gemaak?
6. Hoe word die meeste papier vandag gemaak?
7. Waarom is boeke van vandag beter as die rolle van vroeër?

(*Antwoorde op bladsy a35*)

KAMELE

As diere 'n skoonheidskompetisie moet hou, sal die kameel die prys kry vir die lelikste dier. Sy kop lyk soos 'n kruis tussen 'n donkie, 'n hond, 'n miervreter en 'n stukkende melkblikkie. Met sy lang bene, groot voete, vuilbruin kleur en die boggel op sy rug is hy beslis nie mooi nie. Tog is die kameel 'n baie nuttige dier in die woestyn. Hy bêre baie voedsel in die vorm van vet in sy boggel. Sy groot pote sak nie maklik in die sand in nie. Daarom word 'n kameel somtyds die skip van die woestyn genoem. Daar word vertel dat hy vir 9 dae sonder water deur die warm woestyn kan loop met 'n swaar vrag op sy rug.

Vrae: 1. Wat is die lelikste dier op aarde?
2. Hoe lyk sy kop?
3. Wat is sy kleur?
4. Waar word kamele nog dikwels gebruik?
5. Wat is die nut van sy boggel?
6. Waarom sak hy nie maklik in die sand in nie?
7. Wat word hy soms genoem?
8. Vir hoe lank kan 'n kameel sonder water klaarkom?

(*Antwoorde op bladsy a35*)

BUSINESS RECEPTION PHRASES — SAKE-ONTVANGS

English

May I help you?
Have you been attended to?
What is your name please?
Which company do you represent?
Mr .... is not available at the moment.
Would you care to see/speak to someone else?
Mr .... is in conference/away at present.

The person dealing with the matter is not available/away/at a meeting.

Mr .... could help you in this regard as Mr .... (person required) is not available.
Mr .... will see you in a moment if you'd like to take a seat in the meantime.
Please take a seat.
Would you like a cup of tea or coffee?

Afrikaans

Kan ek u help?
Is u reeds bedien?
U naam, asseblief?
Watter maatskappy verteenwoordig u?

Mnr ... is nie op die oomblik beskikbaar nie.
Kan ek iemand anders vra om u te (help) woord te staan?
Mnr .... is besig met 'n onderhoud/is nie op die oomblik hier nie.

Die persoon wat die saak hanteer is nie beskikbaar nie/is uitstedig/uit die kantoor uit/besig met 'n vergadering.

Mnr .... kan u te woord staan aangesien mnr .... nie nou beskikbaar is nie.
Mnr ... sal u nou-nou spreek, sit solank 'n oomblikkie.

Sal u asseblief sit.
Kan ek u 'n koppie tee of koffie aanbied?

HOTEL RECEPTION PHRASES — HOTEL-ONTVANGS

Would you like a double/single room with/without bath?
How many people in your party?
What is the name?
Under which name was the reservation made?
What day/time will you be arriving/departing?

Sou u 'n dubbel-/enkelkamer met/sonder bad verkies?
Hoeveel mense is in u geselskap?
U naam, asseblief?
In wie se naam is die bespreking gedoen?
Op watter dag/hoe laat sal u aankom/vertrek?

What is your address/telephone number?	Wat is u adres/telefoonnommer?
Breakfast/lunch/dinner is at .... (time).	Ontbyt/middagete/aandete is om .....
Would you like garaging for your car?	Wil u 'n motorhuis bespreek?
The menu is à la Carte/Table d'Hote.	Die spyskaart is à la Carte/Ope Tafel.
Do you take tea or coffee in the morning and at what time would you like it brought to you?	Drink u tee of koffie in die oggend en hoe laat moet dit bedien word?
Your account is R	U rekening bedra R ....
Please sign here.	U handtekening hier asseblief.
We hope that you have enjoyed your stay with us.	Ons hoop u het u verblyf by ons geniet.

TELEPHONIST PHRASES — TELEFOON

Certainly, one moment please.	Sekerlik, een oomblik asseblief.
I shall put you through.	Ek sal u deurskakel.
Hold on, please.	Wag 'n oomblik asseblief.
The extension/line is engaged, would you mind holding on?	Die uitbreiding/lyn is beset— gee u om om 'n rukkie te wag asseblief?
Mr .... is engaged, would you like to speak to his secretary?	Mnr ... is besig, kan ek u na sy sekretaresse deurskakel?
Can I take a message and get Mr .... to call you back?	Kan ek 'n boodskap aan mnr .... gee en hom vra om u terug te skakel?
Your call to .... (when asked to get a call).	U oproep na .... (wanneer u gevra word om 'n oproep te bespreek).
Mr ...., please pardon my interrupting, but I have a trunk call waiting for you.	Mnr .... verskoon dat ek u in die rede val, maar daar is 'n hooflynoproep vir u.
I have Mr .... from .... who wishes to speak to/see you.	Mnr .... van .... wil u graag spreek/sien.
Who's calling please?	Wie praat asseblief?
Mr .... is on leave and will be back on	Mnr ... is met verlof en sal .... terug wees.

MENUS — SPYSKAARTE

BREAKFAST MENU (1)	ONTBYTSPYSKAART (1)
Fresh Orange Juice	*Vars Lemoensap*
Winter Melon Segments	*Winterspanspekskywe*
Assorted Cereals	*Verskeidenheid Graankosse*
Jungle Oats	*Jungle Hawermout*
Savoury Fish Cakes	*Gekruide Viskoekies*
Grilled Bacon	*Geroosterde Spek*
Marrow Bones on Toast	*Murgbene op Roosterbrood*
EGGS TO ORDER	EIERS VOLGENS BESTELLING
Boiled	*Gekookte*
Fried	*Gebakte*
Scrambled	*Roereiers*
Poached	*Geposjeerde*
Toast	*Roosterbrood*
Tea	*Tee*
Coffee	*Koffie*
Preserves	*Konfyt*

BREAKFAST MENU (2)	ONTBYTSPYSKAART (2)
Stewed Prunes	*Gestoofde Pruimedante*
Chilled Pawpaw	*Verkoelde Papaja*
Assorted Cereals	*Verskeidenheid Graankosse*
Mealie-Meal and Cream	*Mieliemeel met Room*
Cheese Soufflé	*Kaassoufflé*
Grilled Bacon	*Geroosterde Spek*
Liver Pâté and Onions	*Lewerpatee met Uie*
EGGS TO ORDER	EIERS VOLGENS BESTELLING
Boiled	*Gekookte*
Fried	*Gebakte*
Scrambled	*Roereiers*
Poached	*Geposjeerde*
Toast	*Roosterbrood*
Tea	*Tee*
Coffee	*Koffie*
Preserves	*Konfyt*

BREAKFAST MENU (3)

Grapefruit Juice

Compote of Fruit

Assorted Cereals
Maltabela

Spanish Omelette

Grilled Bacon
Minced Chicken Rolls

EGGS TO ORDER
Boiled
Fried
Scrambled
Poached

Toast

Tea
Coffee

Preserves

ONTBYTSPYSKAART (3)

Pomelosap

Gestoofde Vrugte

Verskeidenheid Graankosse
Maltabella

Spaanse Omelet

Geroosterde Spek
Gemaalde Hoenderrolletjies

EIERS VOLGENS BESTELLING
Gekookte
Gebakte
Roereiers
Geposjeerde

Roosterbrood

Tee
Koffie

Konfyt

LUNCH MENU (1)

Grapefruit Cocktail

Beef Consommé

Grilled Baby Sole and
Sauce Tartare

Bobotie and Rice
Beef Olives

Charcoal Grilled Pork Chops
Roast Saddle of Lamb
and Mint Jelly
Roast Spring Chicken
and Stuffing

MIDDAGETE-SPYSKAART (1)

Pomelokelkie

Helder Beesvleissop

Geroosterde Tongvis met
Tartaresous

Bobotie met rys
Gevulde Beesvleisrolletjies

Geroosterde Varkkotelette
Gebraaide Lamkruis
met Kruisementsous
Gebraaide Jong Hoender
met Vulsel

VEGETABLES	GROENTE
Peas	Ertjies
Carrots	Wortels
Yellow Rice	Geelrys
Roast Potatoes	Gebraaide Aartappels
Tossed Green Salad	Groen Slaai
American Salad	Amerikaanse Slaai
Apple Tart and Fresh Cream	Appeltert met Vars Room
Chocolate Mousse	Sjokolade Mousse
Cheese Board	Kaasbord
Coffee	Koffie

LUNCH MENU (2) — MIDDAGETE-SPYSKAART (2)

Seafood Cocktail	Seekoskelkie
French Onion Soup	Franse Uiesop
Kingklip Mornay	Koningklipvis Mornay
Chilli Con Carne	Chilli Con Carne
Cheese Rarebit	Kaashappie
Porterhouse Steak and Potato Chips	Bolendeskyfstuk met Aartappelskyfies
Roast Leg of Veal and Piccalilli	Gebraaide Kalfsboud met Piccalilli
Duck Bigarade	Eend met Lemoensous

VEGETABLES	GROENTE
Cabbage	Kool
Pumpkin	Pampoen
Broccoli	Spruitkool
Sauté Potatoes	Braai-Aartappels
French Salad	Franse Slaai
Green Roquefort Salad	Roquefort-slaai
Bread-and-Butter Pudding	Brood-en-Botterpoeding
Fruit Salad and Ice Cream	Vrugteslaai met Roomys
Cheese Board	Kaasbord
Coffee	Koffie

LUNCH MENU (3)

Melon Ball Cocktail
Cream of Tomato Soup
Baked Fish with Herbs
Cold Meats and Salad
Irish Stew
Roast Leg of Beef
and Horseradish Sauce
Lamb Cutlets
Baby Chicken
in Mild Peri-Peri

Vegetables
Squash
Golden Corn
Brussel Sprouts
Jacket Potatoes

Assorted Salads

Baked Sponge and
Honey Pudding with Custard
Crème Caramel

Cheese Board

Coffee

MIDDAGETE-SPYSKAART (3)

Spanspekkelkie
Tamatieroomsop
Gebakte Vis met Kruie
Koue Vleis met Slaaie
Aartappelstoofvleis
Gebraaide Beesboud
met Peperwortelsous
Lamkotelette
Geroosterde Jong Hoender
met ligte Peri-Peri

Groente
Skorsie
Mielies
Brusselse Spruitkool
Aartappels in die Skil

Slaaie

Gebakte Spons-en-
Heuningpoeding met Vla
Karamelvla

Kaasbord

Koffie

LUNCH MENU (4)

Grapefruit Cocktail
Lentil Soup
Sole Bonne Femme
Tomato Bredie
Shepherd's Pie
Saddle of Lamb
and Mint Sauce
Grilled Fillet
and Mushrooms
Pot Roast Chicken
and Parsley Sauce

MIDDAGETE-SPYSKAART (4)

Pomelokelkie
Lensiesop
Tongvis Bonne Femme
Tamatiebredie
Aartappelpastei
Gebraaide Lamkruis
met Kruisementsous
Geroosterde Beeshaas
met Sampioene
Potgebraaide Hoender
met Pietersieliesous

VEGETABLES	GROENTE
Baby Peas	Ertjies
Glazed Carrots	Verglansde Wortels
Spring Onions	Uitjies
Parsley Potatoes	Pietersielie-Aartappels

Watercress Salad — Bronkorsslaai
Rice and Pineapple Salad — Rys en Pynappelslaai

Trifle and Cream — Koekstruif met room
Pear Belle Hèlene — Pere met Roomys en Sjokoladesous

Cheese Board — Kaasbord

Coffee — Koffie

LUNCH MENU (5) / MIDDAGETE-SPYSKAART (5)

Asparagus Mayonnaise — Aspersie Mayonnaise
Cream of Celery Soup — Selderyroomsop
Baked Kabeljou Portugaise — Gebakte Kabeljou Portugaise

Macaroni and Cheese — Macaroni en Kaassous
Lancashire Hotpot — Skaaphutspot

Shoulder of Lamb and Caper Sauce — Gebraaide Lamblad met Kappertjiesous
Grilled Fillet Chasseur — Geroosterde Beeshaas Chasseur
Duck à la King — Eend à la King

VEGETABLES — GROENTE
Spinach — Spinasie
Marrow — Murgpampoen
Golden Corn — Mielies
Roast Potatoes — Gebrauide Aartappels

American Salad — Amerikaanse Slaai
Green Russian Salad — Groen Russiese Slaai

Apple Charlotte — Appelmoes
Youngberries and Ice Cream — Youngbessies met Roomys

Cheese Board — Kaasbord

Coffee — Koffie

LUNCH MENU (6)

Mandarin Cocktail
Cream of Leek Soup
Grilled Snoek Mâitre d'Hôtel

Marrow Bones on Toast
Beef Curry and Rice
*Roast Pork
and Apple Sauce
Sirloin of Beef
and Yorkshire Pudding
Haunch of Venison and Mint Jelly*

Vegetables
*Green Beans
Cauliflower
Sweet Potatoes
Boiled Potatoes*

Assorted Salads

*Baked Rice Pudding and Syrup
Apple Meringues*

Cheese Board

Coffee

MIDDAGETE-SPYSKAART (6)

Nartjiekelkie
Preiroomsop
Geroosterde Snoek met Pietersieliebotter

Murgbene op Roosterbrood
Beesvleiskerrie en Rys
*Gebraaide Varkvleis
met Appelsous
Beeslende met Deegtoespys*

Wildsboud met Kruisementjellie

Groente
*Groenboontjies
Blomkool
Patats
Gekookte Aartappels*

Slaaie

*Gebakte Ryspoeding met Stroop
Appel met Eierskuim*

Kaasbord

Koffie

DINNER MENU (1)

*Smoked Salmon
Hot Buttered Asparagus*

*Minestrone
Consommé au Sherry*

Ravioli

*Prawns Espagnole
Trout Meunière
Tournedo Rossini
Chicken Supreme*

AANDETE-SPYSKAART (1)

*Gerookte Salm
Aspersies met Warm Bottersous*

*Italiaanse Groentesop
Helder Sjerriesop*

Ravioli

*Steurgarnale Espagnole
Geroosterde Forel
Geroosterde Beeshaas Rossini
Gekookte Hoenderbors met Witsous*

VEGETABLES	GROENTE
Peas	Ertjies
Glazed Carrots	Verglansde Wortels
Pumpkin Mousse	Pampoen Mousse
Sauté Potatoes	Braai-Aartappels
Tossed Green Salad	Groen Slaai
French Salad	Franse Slaai
Fresh Strawberries and Cream	Vars Aarbeie met Room
Peach Melba	Perskes met Roomys en Framboossous
Ice Cream and Caramel Sauce	Roomys met Karamelsous
Cheese Board	Kaasbord
Coffee	Koffie

DINNER MENU (2) — AANDETE-SPYSKAART (2)

Avocado Vinaigrette	Avocado met Asynsous
Rollmops	Rolmops
Oxtail Soup	Beesstertsop
Cream of Asparagus Soup	Aspersieroomsop
Lasagne	Lasagne
Sole Veronique	Tongvis Veronique
Wiener Schnitzel	Wiener Schnitzel
Duck Bigarade	Eend met Lemoensous
Grilled T-Bone Steak	Geroosterde T-Beenstuk
VEGETABLES IN SEASON	GROENTE IN SEISOEN
Assorted Salads	Slaaie
Sherry Trifle	Sjerriekoekstruif
Ice Cream and Chocolate Sauce	Roomys en Sjokoladesous
Fresh Fruit Salad	Vars Vrugteslaai
Cheese and Biscuits	Kaas en Beskuitjies
Coffee	Koffie

DINNER MENU (3)

Parma Ham and Melon
Artichokes Vinaigrette

Cream of Tomato Soup
Clear Chicken Soup

Canelloni

Crayfish Thermidor
Picata au Marsala
Chicken Peri-Peri
Châteaubriand

Vegetables
Leeks au Gratin
Squash Cup
Jacket Potatoes
Potato Chips

Greek Salad
Salad Jardinier

Crêpe Suzette
Pineapple Mousse
Peach Gâteaux

Cheese Board

Coffee

AANDETE-SPYSKAART (3)

Parma Ham met Spanspek
Artisjokke met Asynsous

Tamatieroomsop
Helder Hoendersop

Canelloni

Kreef Thermidor
Kalfstuk au Marsala
Hoender Peri-Peri
Geroosterde Beeshaas met Roomsous

Groente
Preie met Kaassous
Skorsies met Ertjies
Aartappels in die Skil
Aartappelskyfies

Griekse Slaai
Groenteslaai

Pannekoeke Suzette
Pynappel Mousse
Perskes met Roomys en Eierskuim

Kaasbord

Koffie

DINNER MENU (4)

Mussel Cocktail
Hors d'oeuvre Variès

Cream of Mushroom Soup
Clear Vegetable Soup

Spaghetti Bolognaise

Grilled Kingklip and Sauce Tartare
Veal Cordon Bleu
Chicken Casserole
Charcoal Grilled Prime Rib

AANDETE-SPYSKAART (4)

Mosselkelkie
Gemengde Voorgereg

Sampioenroomsop
Helder Groentesop

Spaghetti Bolognaise

Geroosterde Koningklipvis met Tartaresous
Kalfstuk Cordon Bleu
Hoenderkasserol
Geroosterde Prima Rib

VEGETABLES	GROENTE
Broccoli	*Spruitkool*
Cauliflower au Gratin	*Blomkool met Kaassous*
Baby Marrows	*Murgpampoentjies*
Jacket and Sauté Potatoes	*Aartappels in die Skil en Braai-Aartappels*
Assorted Salads	*Slaaie*
Cassata Neopolitana	*Roomys Neopolitana*
Gooseberries and Cream	*Appelliefies met Room*
Peach Flambé	*Perske Flambé*
Cheese Board	*Kaasbord*
Coffee	*Koffie*

DINNER MENU (5) — AANDETE-SPYSKAART (5)

Smoked Angel Fish	*Gerookte Engelvis*
Pâté d'foie Gras	*Ganslewerpatee*
Cream of Celery Soup	*Selderyroomsop*
Vegetable Broth	*Groentekragsop*
Sole Americàine	*Tongvis Americàine*
Veal Bordelaise	*Kalfstuk Bordelaise*
Kentucky Fried Chicken	*Kentucky Gebakte Hoender*
Sirloin Jardinière	*Lendestuk Jardinière*

VEGETABLES	GROENTE
Green Beans	*Groenboontjies*
Spiced Cabbage	*Kruiekool*
Aponogeton (Waterblommetjies)	*Waterblommetjies*
Potato Balls	*Aartappelbolletjies*
Roast Potatoes	*Gebraaide Aartappels*
French Salad	*Franse Slaai*
Green Pepper Salad	*Soetrissieslaai*
Cherry Flambé	*Kersie Flambé*
Guava Mousse	*Koejawel Mousse*
Cassata	*Cassata Roomys*
Cheese Board	*Kaasbord*
Coffee	*Koffie*

A LA CARTE MENU — SPYSKAART

HORS D'OEUVRES

Parma Ham and Pineapple
Canadian Smoked Salmon
Prawn Cocktail
Escargots Bourguignon
Crayfish Cocktail
Avocado Ritz
Grapefruit Cocktail
Fruit Cocktail
Seafood Cocktail
Mixed Hors d'oeuvres
Rollmops
Hot or Cold Asparagus
Mussel Cocktail

VOORGEREG

Parma Ham met Pynappel
Kanadese Gerookte Salm
Steurgarnaalkelkie
Slakke met Knoffelbotter
Kreefkelkie
Avocado Ritz
Pomelokelkie
Vrugtekelkie
Seekoskelkie
Gemengde Voorgereg
Rolmops
Warm of Koue Aspersies
Mosselkelkie

SOUPS

Minestrone
French Onion Soup
Cream of Asparagus
Cream of Mushroom Soup
Cream of Chicken Soup
Tomato Soup
Turtle Soup
Oxtail Soup
Pea and Ham Soup

SOP

Italiaanse Groentesop
Franse Uiesop
Aspersieroomsop
Sampioenroomsop
Hoenderroomsop
Tamatiesop
Skilpadsop
Beestertsop
Ertjie-en-hamsop

FISH

Grilled Kingklip
Sole Bonne Femme
Sole Meunière
Prawns Meunière

VIS

Geroosterde Koningklipvis
Tongvis Bonne Femme
Geroosterde Tongvis
Geroosterde Steurgarnale

Sole Veronique
Prawns Peri-Peri
Crayfish Thermidor
Grilled Crayfish
Crayfish Mayonnaise
Fresh Line Fish

Tongvis Veronique
Steurgarnale Peri-Peri
Kreef Thermidor
Geroosterde Kreef
Kreef Mayonnaise
Vars Lynvis

VEAL

Wiener Schnitzel
Picata au Marsala
Veal Steak
Veal Cordon Bleu

KALFSVLEIS

Wiener Schnitzel
Kalfstuk au Marsala
Kalfstuk
Kalfstuk Cordon Bleu

CHICKEN

Chicken Peri-Peri
Grilled Baby Chicken
Duck Bigarade
Chicken à la King
Chicken Maryland

HOENDER

Hoender Peri-Peri
Geroosterde Jong Hoender
Eend met Lemoensous
Hoender à la King
Hoender Maryland

MEAT

Grilled Rump
Porterhouse
Fillet
Tournedo Chasseur
Tournedo Rossini
Pepper Steak

Châteaubriand

Lamb Cutlets
Grilled T-Bone Steak
Prime Rib

VLEIS

Geroosterde Kruisskyf
Bolendeskyf
Beeshaas
Geroosterde Beeshaas Chasseur
Geroosterde Beeshaas Rossini
Geroosterde Beeshaas met Pepersous
Geroosterde Beeshaas met Roomsous
Geroosterde Lamkotelette
Geroosterde T-Beenstuk
Geroosterde Prima Rib

VEGETABLES	GROENTE
Fried Mushrooms	Gebraaide Sampioene
French Fried Onions	Franse Gebraaide Uie
Buttered Asparagus	Aspersies met Gesmelte Botter
Petit Pois	Ertjies
Green Beans	Groenboontjies
Corn	Mielies
Broccoli	Spruitkool
Brussel Sprouts	Brusselse Spruitkool
Mixed Vegetables	Gemengde Groente
Sauté Potatoes	Braai-Aartappels
Jacket Potatoes	Aartappels in die skil
Roast Potatoes	Gebraaide Aartappels
Spanish Rice	Spaanse Rys

SWEETS	POEDING/NAGEREG
Crème Caramel	Karamelroompoeding
Fruit Salad and Cream	Vrugteslaai met Room
Ice Cream and Chocolate Sauce	Roomys met Sjokoladesous
Crêpe Suzette	Pannekoeke Suzette
Pear Belle Hèlene	Pere met Roomys en Sjololadesous
Peach Melba	Perskes met Roomys en Framboossous
Sherry Trifle	Sjerriekoekstruif
Cheese Board	Kaasbord
Coffee	Koffie

SLOT

Die mees algemene reëls van die Afrikaanse taal is nou aan u bekend. Teen hierdie tyd behoort die uitspraak van woorde nie meer moeilik te wees nie. Baie naamwoorde, werkwoorde, voegwoorde en ander rededele is aan u bekend. U kan oor 'n groot verskeidenheid van onderwerpe gesels. U behoort al amper tweetalig te wees. 'n Taal kan egter nie binne 'n paar maande aangeleer word nie. Taalkundiges studeer soms 'n leeftyd aan een taal.

Moenie nou ophou met Afrikaans leer nie. Soek Afrikaanse vriende. Gesels elke dag met iemand Afrikaans. Lees die Afrikaanse koerante, luister na die radio, lees Afrikaanse boeke en tydskrifte en gebruik die taal in jou werk en ontspanning.

Ek hoop dat hierdie lesse die aptytwekker was wat u honger maak om Afrikaans goed baas te raak. Die idiomatiese gebruik van 'n taal kom eers na baie jare.

Oefen, oefen, oefen.

Alles van die beste en sukses met u tweetalige toekoms.

Groete

GEORGE HOLLOWAY

Op die volgende bladsye verskyn die antwoorde en voorbeelde van antwoorde op die oefeninge wat in die eerste gedeelte van die boek gestel is.

TEST 1

1. My name is Jan. 2. I sit in the water. 3. The water is in the dam. 4. The dam is full of water. 5. The sun is warm. 6. I sleep in the sun. 7. The man is a student. 8. The student is intelligent. 9. He is blind. 10. The man has a pen.

TEST 2

1. In the pen is ink. 2. I sit on a stool (chair). 3. The chair is at the table. 4. The lamp stands by (at) my bed. 5. I see the letters in the book. 6. In the atlas I find South Africa. 7. I can sing in Afrikaans. 8. It is a big land (country). 9. I drink milk, coffee, tea and beer. 10. I eat bread, apples, tomatoes and rice.

TEST 3

1. This is my land, South Africa (country). 2. There is petrol in the motor-car's tank. 3. The bus stands (is) at the terminus. 4. In the bank is the teller. 5. Where is my permit? 6. The lady sings in the club. 7. There are lines in the palm of my hand. 8. In the hut is the lantern. 9. He is my opponent. 10. The man sits on the sand at the sea.

TEST 4

1. The senior student drinks a glass of beer. 2. He and she sit on the sofa. 3. Friday is the fifth day of the week. 4. There are four weeks in February. 5. He was drunk, now he is sober. 6. The president is at the party. 7. He has a silver ring on his finger. 8. The motor-car has a battery and a hooter. 9. The tent is in the park. 10. He has a modern motor-car.

WORD CONSTRUCTION

Pale, sale, mane, bome, kase, potlode.

PRONUNCIATION TEST 1

Under, bunk, bet, bell, bitter, blow, book, bow, brunt, brief, bay, dun, elf, fuss, fare, full, hunt, hook, hay, come, coat, cake, lump, lung, less, letter, mar, mark, muck, May, mess, met, middle, mealie, minister, mislay, may, male, mane.

PRONUNCIATION TEST 2

Nut, senior, owe, sit, pen, speck, race, tea, suck, chunk, seer, net, sin, putt, sow, runt, sly, rape, tent, Zulu, neck, sick, par, skein, pane, spate, rake, tell, ace, cheque.

OBSERVATION TEST 1

Please, thank you, street, building society, place, office, building, insurance, assurance, company, passage, entrance, forbidden, turn, stop, hour, third party, chemist, licensed, sell, travels, ladies, gentlemen, only, whites, visitors, bureau, arcade, information, telephone.

OBSERVATION TEST 2

Post office, post, early, here, warning, enquiries, savings bank, radio licences, postal orders, money orders, newspapers, pensions, hire, loans, national, housing, wastepaper basket, closed, push, east hall, west hall, savings power, letters, payments, savings certificate, stamps, revenue, bulk post, security, telegram, interest free, greetings, accounts, receipt, parcels, delivery.

PERSON

Ek	verb (unchanged)	Object
Jy	verb (,,)	,,
Hy, Sy, Dit	verb (,,)	,,
Ons	verb (,,)	,,
Julle	verb (,,)	,,
Hulle	verb (,,)	,,

WORD ORDER

1. In die straat ry die motor. 2. In die beker is die water. 3. Môre gaan ek bioskoop toe. 4. Voor die bus staan die man. 5. Voor my bed staan die tafel.

POSSESSIVE FORMS

He and she went swimming. He bumped his foot and she lost her balance and fell into the water. He clutched her hand and saved her. She gave him a kiss on his mouth. They walked to their homes (houses).

GREETING

Dit is John. Dit is Peter. Aangename kennis, Goeiemôre. Hoe gaan dit? Baie goed, dankie. Hoe gaan dit met jou? Ek voel sleg.

THE VERB — tense (Present)

1. Sy eet 'n appel. 2. Sy lees 'n boek. 3. **Sien** jy die kat? 4. Sy lees 'n boek. 5. Peter en John eet. 6. **Eet** Peter en John? 7. **Speel** hulle rugby? 8. Die man staan by die bushalte. 9. **Gaan** ons swem? 10. Ons gaan swem.

THE VERB — Past and Future Tense

1. I read a book. 2. I drank the milk. 3. Ek het 'n kat gesien. 4. Hy het 'n donkie gesien. 5. Sy het Afrikaans gepraat. 6. I shall read the book tomorrow. 7. He will go and swim tomorrow. 8. I want to learn Afrikaans. 9. I shall go to church tomorrow. 10. He will go to church tomorrow.

THE PAST TENSE

Die kind het ontken (deny) dat hy vrugte gesteel het. Die vergadering is ontbind (disband) toe 'n vrot tamatie die spreker tref. Columbus het Amerika ontdek (discover). Die gaste is in die stadsaal onthaal (entertain). Die bom het in die kantoor ontplof (explode). Almal moes toe die gebou ontruim (vacate). Die lui werker is ontslaan (sack). Hy het baie geld ontvang (receive) toe hy verjaar het. Die mooi meisie is deur die rowers ontvoer (abduct). Die polisie het die rowers ontwapen (disarm). Hy moes sy nooi by die huis ontmoet (meet). Die koerant het oor die vuur berig (report). Die onderwyseres moes alles herhaal (repeat). Ons het baie werk verrig (did).

VOCABULARY — VERBS

Ek begin Afrikaans leer. Ek het begin Afrikaans leer. Ek sal Afrikaans leer.
Ons besoek die museum. Ons het die museum besoek. Ons sal die museum besoek.
Pa bestel sy koffie. Pa het sy koffie bestel. Pa sal sy koffie bestel.
Piet bespreek sy sitplek. Piet het sy sitplek bespreek. Piet sal sy sitplek bespreek.
Jan boer op die plaas. Jan het op die plaas geboer. Jan sal op die plaas boer.
Hy dans met haar. Hy het met haar gedans. Hy sal met haar dans.

MORE VERBS 1

Ek doen my werk. Ek het my werk gedoen. Ek sal my werk doen.
Ek erken my fout. Ek het my fout erken. Ek sal my fout erken.
Jan hardloop vinnig. Jan het vinnig gehardloop. Jan sal vinnig hardloop.
Ek glo aan God. Ek het aan God geglo. Ek sal aan God glo.
Hy herken my. Hy het my herken. Hy sal my herken.
Piet gesels baie. Piet het baie gesels. Piet sal/wil baie gesels.

MORE VERBS 2

Ek het 'n motor. Ek het 'n motor gehad. Ek sal 'n motor hê.
Jan hou van Marie. Jan het van Marie gehou. Jan sal van Marie hou.
Annie knip die papier. Annie het die papier geknip. Annie sal die papier knip.
Ek kry koud. Ek het koud gekry. Ek sal koud kry.
Piet kyk na die boek. Piet het na die boek gekyk. Piet sal na die boek kyk.
Dis lekker om te lewe. Dit was lekker om te lewe. Dit sal lekker wees om te lewe.
Gert luister na sy pa. Gert het na sy pa geluister. Gert sal na sy pa luister.

MORE VERBS 3

Jan mishandel die hond. Jan het die hond mishandel. Jan sal die hond mishandel.
Hy ontvang sy geld. Hy het sy geld ontvang. Hy sal sy geld ontvang.
Hy hou op met werk. Hy het opgehou met werk. Hy sal ophou met werk.
Ek rol my moue op. Ek het my moue opgerol. Ek sal my moue oprol.
Sy parkeer haar motor. Sy het haar motor geparkeer. Sy sal haar motor parkeer.
Sara pas die kinders op. Sara het die kinders opgepas. Sara sal die kinders oppas.

MORE VERBS 4

Hy praat baie kaf. Hy het baie kaf gepraat. Hy sal baie kaf praat.
Hy bring sy suster saam. Hy het sy suster saamgebring. Hy sal sy suster saambring.
Hulle praat saam. Hulle het saamgepraat. Hulle sal saampraat.
Ek skeer my. Ek het my geskeer. Ek sal my skeer.
Piet skiet die kat. Piet het die kat geskiet. Piet sal die kat skiet.
Ons reis per trein. Ons het per trein gereis. Ons sal per trein reis.

MORE VERBS 5

Die slagter slag 'n skaap. Die slagter het 'n skaap geslag. Die slagter sal 'n skaap slag.
Die kinders bly still. Die kinders het stilgebly. Die kinders sal stilbly.

Die boer tel sy skape. Die boer het sy skape getel. Die boer sal sy skape tel.
Ons gaan vanaand uit. Ons het vanaand uitgegaan. Ons sal vanaand uitgaan.
Hulle kom uit die kerk uit. Hulle het uit die kerk uitgekom. Hulle sal uit die kerk uitkom.
Jan teken 'n donkie. Jan het 'n donkie geteken. Jan sal 'n donkie teken.

VERBS (concluded)

Ons nooi die gaste uit. Ons het die gaste uitgenooi. Ons sal die gaste uitnooi.
Koos vang 'n vis. Koos het 'n vis gevang. Koos sal 'n vis vang.
Meisies verskil van seuns. Meisies het van seuns verskil. Meisies sal van seuns verskil.
Hy wag by die bushalte. Hy het by die bushalte gewag. Hy sal by die bushalte wag.
Ek weet waar hy woon. Ek het geweet waar hy woon. Ek sal weet waar hy woon.
Ek verstaan Afrikaans. Ek het Afrikaans verstaan. Ek sal Afrikaans verstaan.

THE DOUBLE NEGATIVE

1. Daar is geen koffie of tee nie. 2. Die man is nie oud nie. 3. Niemand het my potlood nie. 4. Ek sal dit nooit doen nie. 5. Hy het niks gedoen nie. 6. Die lekkers is nêrens nie.

QUESTIONS

1. Wie is jy? 2. Waar woon jy? 3. Waarom is jy hier? 4. In watter land woon jy? 5. Wanneer vertrek jy? 6. Hoe oud is jy? 7. Hoeveel bene het twintig skape? 8. Hoeveel geld het jy? 9. Wat is jou naam? 10. Van watter boek hou jy?

WORD ORDER

1. Vanaand sal die siek vrou lekker slaap. 2. Gister het ons strand toe gegaan. 3. In die nagklub het die meisie gedans. 4. Vinnig het hy na die winkel gehardloop. 5. Met al die mense wil Piet gesels.

USEFUL PREPOSITIONS 1

1. Hy skryf 'n brief **aan** sy nooi. 2. Hy luister **na** die radio. 3. Die prent hang **aan** die muur. 4. Ek en jy gaan môre **na** die kerk. 5. Kyk **na** daardie mooi meisie. 6. Soek **na** die roos, dit behoort **aan** my. Ek wil dit **aan** Annie stuur.

USEFUL PREPOSITIONS 2

1. Ek is kwaad **vir** hom want hy lag **vir** my ou klere. 2. Ek is skaam **vir** hom want ek is skaam **oor** ons klein huis. 3. Al kla hy **oor** die reën is ek bly daar**oor**. 4. Hulle praat **oor** haar want hulle is lief **vir** haar. 5. Gee **vir** haar die pakkie. Moenie bang wees **vir** die hond nie.

USEFUL PREPOSITIONS 3

1. Hy voel skaam **oor** die woord wat hy gesê het. 2. Moenie **vir** my kwaad wees nie. 3. Elke week skryf sy **aan** haar ouers. 4. Ek dink niks **van** daardie man nie. 5. Hulle was bly **oor** die goeie nuus. 6. Toe ons **by** die huis kom was hy nie daar nie. 7. Daar hang baie vrugte **aan** die boom. 8. Ek dink baie **aan** die goeie ou dae. 9. Ek verlang **na** die somer. 10. Piet sit **op** die stoel. Hy is jaloers **op** my. 11. Toe ek gepraat het **met** hom, het ek hom gelukgewens **met** sy sukses.

PLURALS 1

1. Die ploeë is op die lande. 2. Die dwerge het sae, tone, bomme, balke en grawe. 3. In die huise is daar ligte, kaste, kiste, tafels en messe. 4. Die skape, honde, donkies en bokke eet saam. 5. Die dae is lank en die nagte is kort.

PLURALS 2

1. Banke, stoele, boeke, koeke, huise. 2. Damme, potte, rakke, latte, koppe, 3. Bome, strate, krake, bene, plase. 4. Wolwe, kolwe, griewe, diewe, boewe, 5. Grawe, stowe, klowe, gleuwe, kerwe. 6. Weë, gate, gode, howe, skepe. 7. Ploeë, seë, gange, treë, driwwe. 8. Ligte, seuns, balle, kantore, hemde, manne (mans), ma's, beddens.

TIME

1. What is the time? It is half past two. It is a quarter past two. 2. Good morning! Where are you going this afternoon? Tonight it is full-moon. 3. There are 60 seconds in one minute. There are 24 hours in one day. 4. There are four quarters in a year. This year is leap year. 5. Last night we went to bioscope (yesterday evening). Last night it rained (during the night). In two weeks' time my holiday begins.

ADJECTIVES 1

1. Ons **haal** (catch) die **vroeë** bus. 2. Dit is 'n **droë** somer. 3. Dit is 'n **lang** man. 4. Hy klim die **hoë** berg. 5. Sy dra 'n **goue** ring. 6. Ons ry in 'n **breë** pad. 7. Dit is 'n **gladde** stuk seep (soap). 8. Sy is 'n **mooi** meisie. 9. Ons eet **lekker** kos. 10. Ek het **soet** kinders.

ADJECTIVES 2

He has a false friend. She wears an old hat. He has a squint eye. Today is a warm day. They have six naughty children. We eat a fat sheep. The men drink sour wine. At first he was fat, but now he is a thin (lean) man. It is a dark night. The river has clear water. I drink bitter coffee. The expensive (dear) house is pretty. The sick boy drinks medicine. He has a pale face. We buy cheap clothes.

Vocabulary — DIE HUIS

Die kombuis is die plek waar Moeder werk. In die sitkamer sit ons wanneer ons ontspan. Die spens is die plek waar kos gebêre word. Die portaal is aan die voorkant van die huis. In die eetkamer eet die familie. Ons bad in die badkamer. Gisteraand het ek in die slaapkamer geslaap. Ons moet al die skoonmaakgoed in die pakkamer pak.
Die kos is in my bord. Ek kook water in die ketel. Die koelkas werk met elektrisiteit of gas. Ek het die vleis met die mes gesny. Ons was die skottelgoed in die opwasbak. In die ou huis is daar 'n groot vuurherd. Blikkieskos hou langer as vars kos. Sit die melk in die koelkas anders (otherwise) word dit suur. Al die skottels staan op die rak. Alles wat 'n mens kan eet noem ons voedsel. In die blompot is daar mooi rooi rose. As die son helder skyn trek ons die gordyne toe. In die kabinet is bier, brandewyn en sjampanje. Die radiogram speel mooi musiek. Dit is 'n mooi skildery wat aan die muur hang.
Daar is interessante boeke in my boekrak. Die lampskerm is dieselfde (the same) kleur as die muurpapier. Ek slaan die lig aan by die skakelaar (switch). In die buffet is al my ma se breekgoed. 'n Mens sprei die tafeldoek oor die tafel in die eetkamer. My pa het vir Ma 'n mooi teeservies vir Kersfees gekoop. Nadat ek gebad het, droog ek my af met die handdoek. My skeergoed is in 'n kissie bo-op die rak. Hy het sy voete met die waslap in die wasbak gewas. My klere hang in die klerekas. As dit koud is, gooi ek nog 'n (another) kombers oor my. Ek slaap op 'n harde kussing. Die lakens is in die linnekas. Ek kyk in die spieël as ek my klere aantrek. Ek maak die vloer blink met die poleerder.

DIE SKOOL

As ons aardrykskunde studeer, gebruik ons 'n aardbol en 'n atlas. Ek moet 'n afskrif van die kaart maak. Ek sit in my bank en lees my boek. Juffrou vra my om my skoene te borsel. Sy gee vir ons diktee om te skryf. Ek is 'n domkop en kan nie eksamen skryf nie.

As ons geskiedenis doen, moet ek in die gang staan. Ek hou van handwerk. Al die kinders in ons klas skryf met pen en ink. Die kleintjies speel met klei. As die klok lui kan ons gaan speel. In die kunsklas verf ek met 'n groot kwas. Die leerling lees in die boek en leer sy les. Juffrou merk al my somme reg.
Ons luister na mooi musiek. Die onderwyser se skrif is netjies. Ek moet elke sin nommer. Ons kry baie oefening om opstel te skryf. Die prinsipaal is nie tevrede (satisfied) met my rapport nie. Na die rekenkunde-les gaan ons vir sang in die saal. Die skoonmaker maak die skool skoon. Die skolier gaan na die skoolhoof se kantoor oor sy spel en sy lelike skrif. As dit speeltyd is, speel ons in die speelgrond. Ek sit 'n duimspyker op die juffrou se stoel terwyl sy op die swartbord skryf. Ek het al my somme verkeerd gedoen. Jannie is ses jaar oud en wissel nou sy tandjies. Juffrou waarsku ons dat ons altyd die waarheid moet praat en hard moet werk.

SPEEL (Play)

Die kinders speel albaster. Die seuns speel aspaai en die meisies speel blindemol. Klein Sarie het 'n groot blou ballon. Die groot seuns speel bok-bok en spring op mekaar se rug. In die sitkamer speel Jan en Piet dambord. Die klein seuntjie speel met dolosse, die klein beentjies (bones) uit 'n skaap se voorbene. Klein Andries ry met sy driewiel. Sannie slaan op 'n drom. Koos ry vinnig met sy fiets. Die fluitjie blaas. Ons geniet die speletjie. Ons hardloop oor die grond met ons hande in die lug. Ons jaag mekaar. Jukskei word net in Suid-Afrika gespeel. Die meisies dans in 'n kring agter die leier aan. My legkaart is 'n mooi prentjie van poppe wat speel in die park. Met die raket slaan ek die bal raak.
Ons hardloop resies. Ons speel ringtennis met 'n rubberring. Skaak is 'n baie interessante spel. Dit is lekker om op die ys te skaats. Die baba ry op 'n skommelperd. Die seun ry in 'n skuit op die dam. Soldate moet skyfskiet leer. Ons speel voetbal, my span wen. Stout seuns speel op die spoorlyn. Hy spring in sy stootkar en ry in die stapel blokke vas. Sy speel met haar strandbal op die strand. Hy swaai sy sweep. Die grootmense speel tennis. Jannie speel met sy tol en Sannie wil touspring op die stoep. Visvang is lekker as 'n mens vis kan vang. Die kinders speel wegkruiper. Hy skiet die duif met sy windbuks. Hulle ry op die wipplank—op en af—op en af.

KOS EN DRANK

Vanaand eet ons aandete. Ek hou van gebakte aartappels. Asyn is suur. Ma bak die eiers in die pan. Blatjang smaak lekker met beesvleis. Ek smeer botter op my brood. Soms braai ons braaivleis op 'n rooster. Soggens eet ons graanvlokkies. Heuning is natuurlike

suiker. Hoendervleis is goedkoop. Kaas is gesond. Kakao laat 'n mens rustig slaap. Kinders hou van koek en koeldrank. In die koek is koerente en neute. 'n Kotelet van lamsvleis is lekker. Lewer is gesond. Die Italianers eet baie macaroni. Margarien is wit van kleur.
By die middagete het ons gewoonlik poeding. Vir ontbyt eet ons roosterbrood, spek, eiers en tamatie. 'n Skaappribbetjie oor die kole gebraai smaak baie lekker. Roereier, kalfsoogeier en gebakte eier smaak lekker. Ek hou van rys en skaapvleis. Ma gooi sout en peper oor die kos. Soms eet ons toebroodjies. Ons eet gewoonlik n vulsel by die hoendervleis.

VRUGTE EN GROENTE

'n Aarbei is rooi en smaak lekker. Aartappels groei onder die grond. Amandels is neute. Appels, appelliefies en appelkose kry ons in die Westelike Provinsie. 'n Artisjok is groen. Aspersies is sag en soet. Suiker word ook van beet gemaak. Blomkool lyk soos 'n groot wit blom met groen blare. Ek is lief vir boontjies en bronkors. Ertjies is in 'n dop. Van druiwe maak ons wyn. Die eierplant is 'n subtropiese vrug. Frambooskonfyt is donkerrooi. Geelwortels, gaar of rou is baie gesond. Botter word ook van grondboontjies gemaak. Naby Kaapstad groei baie hawer. Kersies lyk soos klein tamaties. Klapper word van kokosneute gemaak. Kopkool en komkommer smaak lekker as ons 'n slaai daarvan maak. Brood word van koring gemaak. Vleis smaak beter met kruie. Baie mense hou van kwepers, maar ek is lief vir lemoene. In die lente eet ons groenmielies.
Die mosterdplant het 'n baie klein saadjie. Murggroente en skorsies is familie van die pampoen. Okkerneute word fyngemaal en in koek gemeng. Sout en peper word gebruik om smaak aan die kos te gee. Pietersielie smaak lekker in sop. Natal is 'n piesangwêreld. As ons 'n perske eet, gooi ons die pit weg. 'n Pruim is rooi of groen. Pynappels is groot vrugte. Raap, radys, en roebarb word in sop gebruik. Selery oor aartappels smaak heerlike. Die ryp lemoen is baie sappig. 'n Lemoen moet geskil word voordat jy dit kan eet. Sigorei word met koffie gemeng. Spinasie maak jou sterk. Die suurlemoen is familie van die lemoen. Tiemie ruik sterk. Uie is goed vir die hart, maar sleg vir die asem. In die somer eet ons almal waatlemoen.

PAST TENSE: "is", "was"

1. Die huis van die bestuurder **is** op die berg gebou. 2. Die saal **is** gister amptelik geopen (officially opened). 3. 'n Mooi wedstryd **is** gister gespeel. 4. Gister **is** my oom se hond omgery deur 'n motor. 5. Die man en sy vrou **is** gister geskei (divorced).

1. Gister **was** ons almal in die bioskoop. 2. Gister **was** dit my verjaarsdag. 3. Ons **was** almal klein, maar nou is ons groot. 4. Daar **was** baie kos in die pot. 5. Haar van **was** Joubert maar nou is (present) dit Smit.

WAT ONS DRA (Wear)

As ek gaan dans trek ek my aandpak aan. My armbande hou my moue op. Die baadjie van die pak klere is te klein. Die meisie dra 'n wit bloes. My hemp het 'n stywe boordjie. My broek se broeksak is stukkend. Blanke dames dra buustelyfies. 'n Das lyk mooi by 'n pak klere. Onder my hemp dra ek 'n frokkie. Die gordel of lyfband het 'n blink gespe. Toe dit koud was, het ek handskoene gedra. In die reën dra ek 'n jas en as ek motor bestuur dra ek 'n oorjas. Die kappie hou die son van my gesig af. Soldate dra kamaste. Die hemp is van katoen gemaak. My kleurbaadjie met my skoolwapen daarop is blou. Die knoop van my hemp is af. In Natal dra die mans kortbroeke. Die vrou sal 'n mooi kostuum koop. By my kortbroek dra ek kouse, maar by my langbroeke dra ek sokkies. Ek gryp die rugbyspeler aan sy kraag. Die ou mans dra kruisbande. Die meisie dra 'n lint in haar hare. By my aandhemp dra ek mansjetknope. Die ou dame dra 'n naghemp en 'n slaapmus.
Die werktuigkundige (mechanic) dra 'n oorpak. Ek sal my trui aantrek want dis koud. 'n Onderbaadjie is warm. Die meisie se onderrok is langer as haar rok. Ek dra 'n paar skoene maar net een broek. Pajamas kan ook 'n slaappak genoem word. My pantoffels is van skaapvel gemaak. Die skoolseun dra 'n pet. Ek trek my reënjas aan. Sy dra 'n ring aan haar vinger. Die romp van haar rok is lank. Ek snuit my neus met 'n sakdoek. Die man dra sandale by die strand. Die meisie dra 'n slenterbroek by die piekniek. Die Indiërvrou dra 'n sluier oor haar gesig. Die sool van my skoen is deur. Ek speel rugby met stewels. Die soldaat se uniform lyk netjies. Ek maak my veters vas. Die huisvrou dra 'n voorskoot. Die trui is van wol gemaak.

N.B.   Ek trek al my klere **aan** en **uit** (broek, jas, hemp, ens.).
         Ek sit 'n boordjie, lyfband of das **om** en haal dit **af.**
         Ek sit 'n hoed, pet of helm **op** en haal dit **af.**

OP DIE PLAAS

Die aarde het reën gekry en die koring is nou ryp. Die koring word geoes en in gerwe gebind. Die dorsmasjien dors die koring. Die baler bind die hooi in bale vas. Daar is 'n groot hooimied op die plaas. Die bul en die koeie wei in die kamp. Al die beeste is mooi vet. Ons boer met Angorabokke. Ek gaan haal die eiers in 'n emmer. Die groot gans jaag my. Graan word in 'n graansuil gebêre. Die groente is vanjaar mooi want die grond het goed reent gekry. Beeste is grootvee, skape is kleinvee. Die kalwers breek deur die heining want die hek is toe. Die hoender is lekker vet en reg vir die pot. Beeste het horings om honde mee weg te jaag. Die kalkoen kloek op die werf. Al die melkkoeie is in die koeistal. Soggens kraai die haan. In die lente is daar baie lammers. Die meeste boere het deesdae masjiene om mee te melk. 'n Melkery is baie lonend. Die mielies word in Mei-maand geoes. Die osse trek die ploeg. Die boer ry te perd. Hy plant mielies in September. Pluimvee is hoenders, eende, kalkoene en ganse. Daar is dik room op die melk. Die boer saai koring in Mei. Koring kos R6 per sak. In die ou dae het hulle koring met 'n sens gesny. Die skaaphond keer die skape aan. Die jong skoffel in die tuin. Al die sakke is in die skuur. Die water loop in die sloot. Die snyer sny die graan. Die sog het tien kleintjies. Op die solder is al die gereedskap. Die perde staan op stal. Op die stalvloer is skoon strooi. Ons ploeg met die trekker. Gooi die varke se kos in die trog. Waar is die vaatjie wyn? Dis vuil in die varkhok. Die veld is groen. Die motor se verkoeler lek. In die vyeboom is 'n voëlverskrikker. Die voor is vol water. Die volkies woon in die volkshuise. Op die plaas is baie werksvolk. Ons ja die vee na die groen weiding om te wei. Hy vang 'n vet skaap om te slag. Op die werf wei die hoenders. Langs die boer se woning is sy waenhuis met sy nuwe motor.

BY DIE SEE

Die skip lê voor anker in die baai. Die bemanning van die boot was lank op see. Daar by die boei is die haainette. Baie seuns is lief vir branderry. Die golwe is vandag baie hoog want dis hoogwater. Ouma sit op die dekstoel. Die water is diep genoeg om in te duik. Die kind speel met sy graaf en emmer en bou 'n sandkasteel. Die gety stoot. Die skip is in die hawe. Ons neem ons hoeke, visstokke en aas en vang vis. Die water is kalm. Ons bly in 'n karavaan maar ons woon in 'n huis. Die branders klots teen die klippies. 'n Krap het ag pote. Kreef smaak lekker. Die kuswag bewaak die kus. Ons grawe mossels vir aas. Die branders spoel oor die muur in die swembad. 'n Seemeeu is 'n voël wat lief is vir die see. As die see ontstuimig is, moet klein bootjies nie vaar nie.
Die klein kinders speel in die poel. Die lewensredder red die meisie uit die see en sit haar in 'n reddingsboot. Hy roei die boot met 'n roeispaan. Hy staan op die rots en spring af op die sand. Aan die weskus is baie seebamboes en seewier. Die skip seil in die hawe. Onderaan my vislyn is 'n sinker. Die visser vang vis uit 'n skuit. Baie seediere woon in skulpe. Die seewater is sout. Pas op vir son-

steek as jy see toe gaan. 'n Seester sit aan die rots vas. Die swemmer kan goed swem. Elke skip het 'n vlag van sy eie land. Kinders speel in die vlak water. Die vuurtoring waarsku die skepe teen vlak water en rotse. 'n Skip wat teen 'n rots bots, is gewoonlik 'n wrak daarna. Dit lyk na reën want die lug is vol wolke.

OP REIS

Bloemfontein is 'n groot spoorweg-aansluiting. Die motoris sit al sy bagasie in die bagasiebak (boot). Ons moet ons sitplekke op die trein bespreek. Die buffer van die motor is heel voor. Baie treine loop met dieselkrag. Eersteklas kaartjies kos duurder as tweedeklas. Elektriese treine loop baie stil. 'n Trapfiets het net twee wiele. Die kondukteur blaas die fluitjie sodat die trein kan vertrek. Ons staan in die gang van die passasierswa. Nou ry ons vinnig want die grond is gelyk. As die lug groen is, mag ons ry maar die rooi lig beteken halt. Die hoofkelner bedien ons. Daar is ses in ons kompartement. Die kruier stoot die bagasie op sy waentjie. Pas op daar is 'n kruising. Ons laai die motor vol. Die ligte van die lokomotief help die masjinis om die spoor te sien. Baie konstabels ry met motorfietse. In Engeland loop treine ondergronds. Ons moet op die derde perron oorklim. My koffer is op die rak. By die stasie rangeer die treine. Reisgeld per lug is baie duur.
'n Motor se remme moet goed wees. Ek koop 'n retoerkaartjie. Ons reis met die Tuinroete. Die treine loop volgens 'n rooster. Ons eet in die eetsalon. Gedurende die seisoen is Durban vol besoekers. Die sinjaal wys dat die trein kan ry. In die skip slaap ons op 'n slaapbank. Die remme sleep op die nat pad. Die trein ry vinnig, want dis 'n sneltrein. In die kompartement is 'n spieël sodat my suster haar oë kan verf. Die stoker stook die lokomotief met steenkool. Dit kook die water sodat stoom gevorm word. Ons wag op 'n sylyn. Ons gaan deur die Republiek toer. Dis donker in die tonnel. Die beeste ry in 'n trok. Ons geniet die uitstappie per bus na die Drakensberge. In die wildtuin draai ek die venster toe want ek is bang vir olifante. Die verkeer is baie druk in die stad. Die vlerk van die vliegtuig is 20 m. Die vliegtuig vertrek op sy eerste vlug. In die Karoo hou die trein by 'n watertenk stil. Die wiele fluit oor die pad. Die spoorwerkers maak die spoorlyn reg. Ons wissel van trein by die aansluiting.

INKOPIES (Shopping)

Die winkel sal my kruidenierware moet aflewer by my huis. Die assistent is baie dom want sy kan nie Afrikaans praat nie. Ek word gou bedien in die klein winkel. Die assistent is beleefd. Vandag is die supermark baie besig. Hulle doen goeie sake. Ek het my bestelling geplaas. Die bestuurder het 'n moeilike werk. Ek moet betaal maar my beursie is leeg. Gaan koop gou 'n bottel asyn. Gee my twee dosyn eiers asseblief. Die groente is baie duur maar die vrugte is goedkoop. Sit die geld in die geldlaai. Koop 5 liter verf asseblief. Die pryse is op die artikels gemerk. Hierdie bottel is maar halfvol. Ek doen nie sake met skurke nie. Waar is my handsak nou? Die vis is in asyn en uie ingelê. Hoeveel kos twee meter van hierdie materiaal? Die kassier ontvang die geld. Daar is baie klandisie wat wag vir hulle kleingeld. Die klerk skryf in die boek. My koffer is vol kos. Ek koop altyd kontant en nie op skuld nie. Nou is my beursie leeg, ja dolleeg. Ek neem 'n mandjie saam mark toe. Gee my een ons pyptabak asseblief. Dankie vir die pakkie. Dit is met bruinpapier toegedraai.

Hoeveel kos een liter melk en 1 kg suiker? Die prys is baie hoog. Daar is mooi goed op die rak. Ek het tien rand in my sak. Ek moet my rekening vereffen. My tuinjong wil 'n rol tabak hê. Dit kos vyf sent per 250 g. Weeg dit op die skaal. Die dame skryf by die skryftafel. Vrouens spandeer baie geld. Daar is min staanplek vir motors. Die koffer is swaar om op te tel. U moet asseblief die brood toedraai. Die winkeldeur kan vanself toemaak. Die mooi klerk staan agter die toonbank. In die toonkas is juweliersware. Die mense staan tou by die lekkergoedtoonbank, want daar is 'n uitverkoping van lekkers. Die groente is heerlik vars. Die klere is mooi uitgestal in die venster. Baie goed word verkoop. Met uitverkopings word die pryse verminder. Nadat ek 'n rekening betaal het, ontvang ek 'n voldaan of kwitansie. 'n Groot winkel hou alles in voorraad. My kanarie se voëlsaad is op. 'n Winkelklerk moet vriendelik wees. Ek koop nie graag by 'n vuil winkel nie. Die winkelier moet alles presies afweeg. Die winste van kettingwinkels is baie hoog.

HUISWERK

Elke môre maak ek die huis aan kant voordat ek werk toe gaan. Al die kinders help afstof en bed opmaak. Die bediende gebruik ás om haar tande skoon te maak. Die bad word uitgeskuur. Al die beddegoed word van die bed afgetrek. Ek vee met 'n besem. Die kinders borsel hulle skoene. Soms braai ons vleis. Ek rol die deeg uit met die deegroller. Ek draai die nat lap uit om dit droog te kry. In die emmer is warm water. Daar is 'n gat in sy sokkie. Sy hemp is geskeur. Dis van katoen gemaak. Die ketel kook. Die wasmasjien was ons klere. Die kinders is lief vir koek. Die kombers is lekker warm. As die water kook maak ek koffie. Die kinders se kouse moet gestop word. Ons trek 'n skoon laken oor die bed. Roer die pap met 'n lepel. Die wasgoed hang aan die waslyn. Maak die kombuis aan kant. Met 'n vleismeul maal ons vleis. Ons meng meel en botter om koek te bak. My ma naai met 'n naald. Haar naaldwerk is baie mooi. Sy stik die naat met die naaimasjien. Pietie se bed is nat. Hy moet dit self netjies opmaak. In die môre as ek wakker word moet ek vir die familie kos maak. Ek roer eiers in die pan en sny brood om te rooster. Dan maak ek tee in die teepot. Ek smeer politoer aan die vloere en poleer dit. Die skottelgoed moet met seep gewas word totdat dit skoon is en die kombuisvloer moet geskrop word. Met die stofsuier moet ek die stof opsuig. Vuur word in die vuurherd gemaak. Saans maak ek poeding vir die kinders. Ek voel lus om vir Jan met die soplepel oor sy kop te slaan as hy sy klere skeur. My ou man se boordjies moet in stysel gedoop word anders kla hy. Die kinders moet help met tafel dek en hulle moet die potte in die wasbak was. Ek brei truie vir hulle almal want dis koud en die wol hou hulle warm. Ai! maar die kleinspan kan baie woel.

IN DIE TUIN

Die aarde is lekker nat. Nou kan 'n mens tuinmaak. Onder die afdak is al die gereedskap; 'n graaf, vurk, snoeiskêr, hark, roller en grassnyer asook 'n tuinslang. Ek spit die bedding om en gooi bemesting daarin. Die bemesting is kalk, kompos, humus en perdemis. As die plante opkom moet ek hulle besproei. Die blare is groen en die blomme is allerhande kleure. Die houtkewers boor in die boom. Daardie bos is mooi groen. Ek spuit al die insekte dood met 'n kiemdoder. Die draad vorm 'n heining tussen my en my buurman. Die gras van my grasperk groei mooi. My grassnyer moet gestoot word en ek is baie lui om gras te sny. My grond is geskik vir groente. Ek hark die beddings mooi gelyk. Die hek moet toe bly anders kom die hoenders in die tuin in. Die klein plantjies groei nog in 'n kissie. Ek gooi die hond met 'n klip. Die klimop klim teen die ogiesdraad. Met die kruiwa ry ek al die onkruid weg. Die ryp vrugte gooi ek in 'n mandjie.

Mis laat plante groei. Dit is lekker om uit jou eie tuin te oes. 'n Mens moet maar altyd teen onkruid veg. 'n Pakkie saad gee 'n bedding plante. Pes moet gedood word. Die beste tyd om te plant is net voor die reën. Die paadjie is van plaveistene. Pasop met die grassnyer by die rand van die afgrond. 'n Rotstuin met vetplante is mooi. Daar is nie meer ruimte vir nog een plant in my tuin nie. As die vrugte ryp is, eet ons dit. Pas op vir siekte onder jou rose. Die roosbome moet in die winter met 'n skerp skêr gesnoei word. Slakke veroorsaak baie skade. Gooi die vuilgoed in 'n sloot vir kompos. In die kweekhuis groei al die fyn plantjies. 'n Stok langs elke plant hou hom regop. Strooi op die saadjies beskerm die jong plantjies. Ek messel die paadjie met 'n troffel. Voëls is baie lief vir vrugte. Maak die grond met 'n vurk los en gee die bedding baie water.

DIE WEER

Die son bak vandag. Die lug is betrokke en die wolke pak dik saam. Ek voel bedruk want dis bedompig en baie warm. Skielik klief 'n bliksemstraal die lug. Die weerlig flits en die donderweer knal. Die hitte is ondraaglik en die droogte is fel. Vanmôre was die bries geniepsig en die koue het gebyt. Na die reën is die aarde deurdrenk. Die lug is nog donker en binnekort sal die water neergiet. Hael is ook moontlik. Die hael lê soos kapok oor die aarde. Die lug is klam en die wind is koud. Die klimaat in Suid-Afrika is matig. Somtyds is die mis baie dik. 'n Motreën is onaangenaam, want alles is nat en triestig. As die wind noord waai sal die weer ongestadig word.

'n Orkaan kan baie skade aanrig. Die wolke pak saam. Die kind se klere is papnat of sopnat. Aan die voet van 'n reënboog is 'n potjie goud. Die rukwind het die dak van die huis afgeruk. In die oggend lê die ryp wit oor die aarde. Die sonstrale smelt die sneeu en vorm stroompies water. Na die reën is dit heerlik sonnig. Die see is stormagtig. 'n Stormwind het die takke van bosse afgewaai. Die wind waai nou suid, vanmôre was dit wes. Die swaar wolke trek oos. Die weer het verander. Die rivier is in vloed. Vlokkies sneeu daal saggies op die aarde neer. 'n Warrelwind skep die tannie se rok en gooi dit oor haar kop. Die weerhaan op die kerktoring wys oos. Dit is gewoonlik winderig in die winter. Koue winde woed in die lande waar ons baie ys kry. Dit is ysig koud.

TOETS I

1. (*a*) Peter and Jan are good friends. They learn Afrikaans diligently. (*b*) Gert is my father's eldest son. What relation is he to me? (*c*) The water is very deep and I am afraid to swim in it. (*d*) My opponent is a strong farmer who weighs 140 kg. (*e*) If your birthday falls on 29 February, you have a birthday every 4 years.
(10)

2. Muck, mislay, sly, fare, hay, lump, male, pane, sow, chunk.
(10)

3. Ek lees 'n boek. Ek het 'n boek gelees. Ek sal 'n boek lees.
Ek betaal my rekening. Ek het my rekening betaal. Ek sal my rekening betaal.
Ek bring die vakansie deur. Ek het die vakansie deurgebring. Ek sal die vakansie deurbring.
(9)

4. He lent his book to her because she forgot her book at home. We do not know our lesson as well as they do. That motor-car is my father's and nobody may say it's theirs.
5. Goeie môre. Aangename kennis. Hoe gaan dit vandag met jou? Voel jy gelukkig of voel jy sleg? Dit gaan goed, dankie.

(5)

TOTAL: 40

TOETS II

1. (*a*) Piet skop die bal oor die voetbalpale. (*b*) Die klerk klop aan die deur. (*c*) Hy knip die boek met 'n skêr. (*d*) Annie kla oor 'n pyn in haar kop. (*e*) Die seuns lag vir die vet man in die straat.

(10)

2. (*a*) Ek het my boeke saamgeneem. Ek sal my boeke saamneem. (*b*) Ek het met hom saamgegaan. Ek sal met hom saamgaan. (*c*) Ek het my klere aangetrek. Ek sal my klere aantrek.

(6)

3. (*a*) Ek rook nie. (*b*) Ek gaan nie môre kerk toe nie. (*c*) Die seun is nie lief vir die ryp appels nie. (*d*) Hy doen niks nie.

(4)

4. (*a*) My pa se naam is Jan. (*b*) Ek woon in Durban. (*c*) My huisadres is Kerkstraat 15, Durban. (*d*) Ek kan Afrikaans praat. (*e*) Die kinders is so stout, want hulle is honger.

(10)

5. **Is** dit altyd warm in die somer in Natal? **Altyd** is dit warm in die somer in Natal. **Warm** is dit altyd in die somer in Natal. **In** die somer is dit altyd warm in Natal. **In** Natal is dit altyd warm in die somer.

(10)

TOTAL: 40

TOETS III

1. Ek luister **na** die radio. Die prent hang **aan** die muur. Ek is skaam **oor** my ou broek wat geskeur is. Ek praat met hom **oor** sy nuwe werk. Ek dink baie **van** daardie goeie man.

(5)

2. (*a*) Die wolwe het die lammers gevang. (*b*) Ons spit met grawe en vurke. (*c*) Die skepe seil op die branders. (*d*) Die ligte brand in die huise. (*e*) Ons hemde en broeke is rooi.

(10)

3. (*a*) Hoe laat is dit? Watter maand is dit? (*b*) Dit is nou presies halfvier. (*c*) Eergister het ek inkopies gaan doen. (*d*) Oor twee weke kom hy vir ons kuier. (*e*) Gisteraand was ons bioskoop toe.

(10)

4. Die **stout** seun skiet die kat. Die mans **drink** suur wyn. Die klerasie in Durban is **goedkoop**. Dit was 'n baie **droë** winter. Lekkers is **lekker**.
(10)

5. (*a*) Die lampskerm is dieselfde kleur as die muurpapier. (*b*) Die skoonmaker maak die skool skoon. (*c*) Peter speel met sy driewiel. (*d*) Ek hou van kalfsoog-eiers. (*e*) Die eiervrug is 'n subtropiese vrug.
(5)

TOTAL: 40

VERMAAK (Amusement)

Mnr Van Heerden is 'n goeie rugby-afrigter. Die akrobaat doen gevaarlike toertjies. In die arena is 'n stiergeveg. Die applous van die skare is hartlik. As jy dronk is, is jou balans versteur. Meisies hou van ballet. Die jong meisies mors hulle geld op die blêrkas. Die meisie in die sirkus ry die perd bloots. 'n Blyspel laat 'n mens lag. Die akrobaat slaan bollemakiesie. Sy is 'n briljante danseres. Die ou bedelaar speel sy draaiorrel voor die hek van die dieretuin. Die dwerg is soos 'n feëtjie aangetrek en almal lag vir hom. Fietsryers moet links hou. Die film is uitstekend en die gehoor geniet dit. Toe die gordyn opgaan, het die goëlaar vlamme gespuug. Die grammofoon speel mooi musiek. Ons lag vir sy grappies. Die hanswors hang aan 'n hangleer. Die hondjie spring deur 'n hoepel. Almal is opgewek met karnavaltyd. Die skool hou vandag hulle kermis. 'n Kokosneut val op die aap se kop. Die dwerg lyk baie komieklik. Die koor sing mooi in die konsert. By ons kraampie verkoop ons worsbroodjies. Die twee boksers is in die middel van die kryt. Van Gogh was 'n beroemde kunstenaar.
Die kind doen 'n mimiek van sy onderwyser. Die nar speel in die sirkus. Die stadsorkes gaan vanaand in die stadsaal optree. Hy kan die orrel goed bespeel. Die aap sit bo-op die paal. Die sirkusperde maak allerhande passies. Dit is 'n mooi plaatopname wat nou op die platespeler draai. Die kunstenaar se pop dans pragtig in die poppespel. Die sanger en sangeres sing 'n duet. Die program is interessant. Die twee swaardvegters skerm met sabels. Daar is mooi perde op die skou. Die sopraan sing 'n solo. Die ster wat in die teater optree se spel is baie goed. Toegang is verbode by die atoomnavorsingsinstituut. Die towenaar haal hasies uit die hoed uit. Romeo en Juliet is 'n treurspel. Die akrobaat land veilig in die veiligheidsnet. Daar is 'n verskeidenheid blomme op die verhoog. In die bioskoop word elke week 'n hoofstuk van 'n vervolgverhaal vertoon. Op 5 November speel ons met vuurwerk. In die winkelvenster is 'n wasmodel met 'n minirok. Die dogtertjie speel met vetkryt.

SPORT

In Suid-Afrika speel ons amateur-rugby. Aanval is die beste verdediging. Die heelagter vind die buitelyn. Die vleuel druk 'n drie, die heelagter vervyf en dis 'n doel. Die bal is in die doodgebied. Hy duik oor en druk 'n drie. Die bal trek oor die dwarslat. Hy druk by die hoekvlag. Die vleuel moet die bal ingooi. Die kantman merk die losskakel. Die senter lak sy opponent. Die baanblad is vinnig. Die kolwer speel met sy beenskutte en die kolf. Hy boul vinnig. Die paaltjiewagter vang die bal. Hy slaan 'n grenshou. Sy handskoene beskerm sy hande. Dit is nou my beurt om te kolf. Hulle kry ses lopies per kolfbeurt. Daar is lewe op die kolfblad. Die kolwer slaan 'n mooi dryfhou. Hulle teken 'n loslopie aan. Die bal tref die middelpen. Die hoogspringer hardloop vorentoe. Hy hardloop hekkies. Die hitte is ondraaglik. Hy merk die afstand af. Die sokkerspeler se kopskoot is in die net. Die naelloper, Paul Nash, is een van die vinnigste manne ter wêreld. Die hoogspringer seil oor die dwarslat. Hy gooi die werpskyf ver. Elke rugbyspeler het 'n nommer op sy rug. Die telling is ses teen nul. Daardie voorspeler is dikwels onkant. Hy nael reguit pale toe. Daar is 'n kort pouse want iemand het seergekry. Professionele spelers speel vir geld. Die reservespeler moet nou op die veld gaan. Met rustyd ruil die spanne om. Die skeidsregter blaas op sy fluitjie. Daar is 'n woeste skrum in die hoek. 'n Strafskop word aan die besoekers toegeken. Elke speler dra 'n trui. Die senter duik die skrumskakel voordat hy die bal vang. Die span verdedig goed. Ons het die oorsese span verslaan. Die vlag is in die lug want die voorspeler het uitgetrap. Hy skiet soos Robin Hood met pyl en boog. Die afstand is 'n nuwe rekord. Die perde hardloop om die renbaan. Hy het sy opponent in die vyfde rondte uitgeslaan. Vir skyfskiet het 'n mens goeie oë nodig. Die paaltjiewagter het die kolwer gestonk. Karin Muir swem baie goed. Boerseuns is lief vir toutrek. Die krieketspan het hulle telling op 300 verklaar. Die atleet kan die werpskyf een-en-sestig meter ver gooi.

MENSE SE WERK

Die advokaat verdedig die beskuldigde. Die afslaer verkoop ou meubels. Die akteur en aktrise is lief vir mekaar. 'n Apteker meng medisyne. Die argitek teken 'n plan van die gebou. Dis nie 'n skande om 'n askarryer te wees nie. 'n Bakker bak brood en koek. Die bediende was die wasgoed. Beeldhouers kap beelde uit klip. Begrafnisondernemers het altyd werk. Die bestuurder bestuur die bus. Bibliotekarisse werk met boeke. 'n Bloemiste werk heeldag met blomme. C.N.A. is groot boekverkopers. Hy boer met beeste.

Die huis word deur 'n bouer gebou. Dokters maak 'n mens gesond. Die drukker druk boeke. As die ligte doodgaan, roep ek 'n elektrisiën. 'n Mens moet slim wees om 'n ingenieur te word. Die fotograaf neem mooi foto's. Die glassnyer sny glas met 'n diamant. Die grenswag soek terroriste. Elke Saterdag kom die groentesmous na ons huis toe. Die haarkapper knip mans se hare. Die haarkapster krul vrouens se hare. Hoedemaaksters maak soms snaakse hoede. Die horlosiemaker repareer my horlosie. 'n Joggie dra gholfstokke. 'n Jokkie ry resiesperde. Dames is lief vir 'n juwelier. Die kleremaker maak 'n pak klere. 'n Kok is 'n kunstenaar met kos. Die landdros vonnis die misdadiger.
'n Loods bestuur 'n vliegtuig. As waterpype lek, maak die loodgieter dit heel. Die hoof van 'n hospitaal is 'n matrone. 'n Matroos werk op 'n skip. Damesklere word deur 'n modemaakster gemaak. Die nuusagentskap verkoop koerante en tydskrifte. Die radio-omroeper praat albei tale vlot. Op die trein is 'n kaartjiesondersoeker. Die onderwyser en onderwyseres is lief vir kinders. Columbus was 'n ontdekker. Die opsigter pas die gebou op. Dis nie maklik om 'n polisieman se werk te doen nie. Ons briewe word deur die posbode afgelewer. 'n Prokureur praat baie in die hof. Die regter verhoor die saak in die hooggeregshof. Elke bestuurder van 'n besigheid het 'n sekretaris of sekretaresse nodig. Die skrynwerker skaaf die hout. Boeke word deur skrywers geskryf. Vandag se skoenmakers gebruik masjiene om skoene heel te maak. Die slagter sny die beesboud. In die ou dae het 'n smid baie werk gehad. Chris Barnard is 'n beroemde snydokter. 'n Soldaat veg vir sy land. Die speurder ondersoek die saak. Mans is gewoonlik beter spyseniers as vrouens. Die tandarts maak my seer as hy my tand trek. Tiksters se vingers werk baie. In die hospitaal sorg die verpleegster vir die pasiënt. Mans word dikwels verpleërs. Versierders het ons aangeraai om groen gordyne te koop. Die werktuigkundige werk aan my motor se masjien. Ystersmouse koop motorwrakke.

MY LIGGAAM

Vuil bloed vloei in 'n aar. Die stembande is in die adamsappel geleë. 'n Mens loop op twee bene en 'n dier op vier. Die bekkenbene is plat. Baie mense moet hulle blindederm laat verwyder. Bloed vervoer voedsel en suurstof deur die liggaam. Die boog van my voet het gesak. Die man stoot sy bors uit van trots. Dit sal goed wees as dokters 'n slim brein in 'n dom mens kan oorplant. My duim is die kortste vinger. In die dy is sterk spiere. Sy elmboog is seer van tennis speel. Die geraamte is die raamwerk van die liggaam. Die meisie het 'n mooi vriendelike gesig. My gewrig is seer na die bakleiery. Hy gryp die man aan sy gorrel. Die hak is die agterkant van

die voet. My hand het vyf vingers. Vandag het baie mans vroumenshare. Die hart pomp die bloed. Daardie meisie swaai haar heupe as sy stap. Die iris is 'n deel van die oog. Hy slaan hom op sy kakebeen. My keel is vanmôre seer van te veel rook. Daar is baard aan my ken. Die lewer is 'n groot klier. Juffrou slaan ons oor die kneukels. My knie is styf want die knieskyf is verwyder. My kopvel jeuk van al die sand daarop. My ledemate is seer want ek het griep. Op my lip is 'n snor.
Ons haal met ons longe asem. In die maag word kos verteer. My mangels is verwyder toe ek nog klein was. Daardie nôientjie het 'n dun middellyf. Ons eet en praat met ons mond. Ek moet my naels skoonhou. 'n Volstruis het 'n lang nek. 'n Mens ruik met jou neus. Daar is 'n ertjie in my neusgat. 'n Nier kan oorgeplant word. Sy is haar pa se oogappel. Ooghare hou stof uit die oë uit. Die ooglede beskerm die oogappel. Met my oor hoor ek. 'n Fortuinverteller kan jou toekoms in jou palm lees. Eva het een van Adam se ribbes gekry. Hy buig sy romp heen en weer. Die ruggraat hou my rug regop. Bene word met senings aanmekaar gehou. Jou senuwees is gedaan van al die geraas van die kinders. In die skedel is die brein. Ek stamp my skeen teen die stoel—eina! dis seer. Hy het breë skouers. Die aorta is die grootste slagaar. Ek voel hoe my hart klop as ek op my slape druk. Die sool van my voet is vol dorings. 'n Spier is aan 'n been vasgeheg. Ek kou met my tande. My tande sit in my tandvleis. Daar is vyf tone aan elke voet. Die tong is 'n gevaarlike wapen. My vel bedek my liggaam. My verhemelte help met my spraak. Daar is twee bene in my voorarm. Hy slaan met sy vuis op my wang. Sy het pikswart winkbroue.

KAMERS EN GEBOUE

Die priesters woon in 'n abdy. Die kunstenaar verf in sy ateljee. Ek ontklee in die badhuisie. By die bank is geld. Bier word by die brouery gebrou. In Switserland is baie chalets. Die eetlokaal is vol honger mense. Suiker word in die fabriek vervaardig. Die gastehuis is vol ou mense. Ons doen oefeninge in die gimnasium. Ons kantoor is op die grondverdieping. Die gaste word ontvang by die herehuis. Daardie huis lyk soos 'n klein hokkie. In die hospitaal is tweeduisend beddens. Die jong man woon in die jeughostel. As ons vakansie hou, bly ons in 'n hotel. Die Bantoe woon in 'n hut. Ek en my vrou gaan eet by 'n inrykafee. Die Kleurling drink wyn by die kantien. Sondae gaan ons kerk toe. Van Riebeeck het 'n kasteel gebou. Die priester preek in die katedraal. Al die drank word in die kelder gehou. Ons verklee in die kleedkamer. 'n Kleinhuisie is noodsaaklik in elke huis. Klein kinders gaan na 'n kleuterskool. Die nonne woon in 'n klooster. Onderwysers word by 'n

kollege opgelei. Die kerkraad vergader in die konsistorie. Die skoolseuns woon in die koshuis. Die arm bedelaar woon in 'n krot. Daar is mooi skilderye in die kunsgalery.
Op die mark is vreeslik baie mense. Die melkery verskaf ons melk. Meel word by die meul gemaal. My motor staan snags in die motorhuis, maar as hy breek neem ek hom na die motorhawe. In die museum is baie oudhede. Die predikant woon in die pastorie. Die toeskouers sit op die paviljoen. Ons koop posseëls in die poskantoor. Ek laat my hare by die salon was. Die voorkamer van die huis is die sitkamer. Rook kom by die skoorsteen uit. Die beeste staan in die skuur. Daar is twee beddens in ons slaapkamer. Die stadsaal is 'n groot saal. Al my boeke is in die studeerkamer. Ek koop kruidenierware by die supermark. Ons aanbid in die tempel. 'n Mooi naam vir 'n kleinhuisie is 'n toilet. Studente woon klasse by op universiteit. In die voorportaal staan 'n kapstok. Ons het nie 'n wa nie, maar ons motor staan in die waenhuis. Gaan was jou gesig in die waskamer. Kinders kan nie lekker woon in 'n woonstel nie.

TYD

Die son sak in die aand. Ek gaan daagliks werk toe. Jy moet dadelik huis toe gaan. 'n Dag is 24 uur lank. Met dagbreek sing al die voëls. Jan gaan dikwels by Annie kuier. Eens op 'n tyd was daar drake. 'n Eeu is 100 jaar lank. 'n Kind word geleidelik groot. Jy moet gereeld jou tande borsel. Kom gou hier. Dit is halfeen. In die herfs val die blare van die bome af. My horlosie hou goed tyd. 'n Jaar is 365 en 'n kwart dag lank. Jaarliks gaan ons met vakansie. Die kalender hang agter die deur. Kersfees word op 25 Desember gevier. Die dae is baie kort in die winter. Om kwart voor een sal die klok lui. Drie maande is 'n kwartaal. Hy kom altyd laaste. Die trein is laat. Ek sal later kom, ek kan nie nou kom nie. In die lente bloei die bome. Daar is 12 maande in 'n jaar. Die motor het meteens aan die brand geslaan. Op die middag is dit gewoonlik warm. Om middernag loop spoke rond. 'n Minuut is 60 sekondes lank. Die lewe is deesdae baie gejaagd. Môre gaan ek op die stoep in die môreson sit. Hy het na my hier aangekom. Naand Oom, hoe gaan dit? In die nag is dit donker. In die namiddag om 4 uur drink ons tee. Die naweek is Saterdag en Sondag. Ek gaan nou slaap. Nou en dan sien ek die man wat in die groot huis woon.
Die son kom op in die oggend. Jy moet onmiddellik opstaan. Hy was vir 'n oomblik heeltemal deurmekaar. Daar was onlangs 'n reis na die maan. Daardie ou man is baie oud. Paasfees herdenk die opstanding van Christus. Elke dag word ingedeel in periodes. Somer is die warm seisoen. Ek gaan selde bioskoop toe. Daar was

skielik 'n harde geraas. As die son sak word, dit skemer. Elke vierde jaar is 'n skrikkeljaar. Somtyds voel ek nie lus vir werk nie. Teen sononder gaan al die voëls slaap. Met sonop sing die voëltjies vrolik in die bome. Hy het vinnig gery op die snelweg. Die skilpad stap stadig. Jy moet stiptelik om aguur by die werk wees. Al die kinders is vandag teenwoordig. Afrikaans is jou tweede taal. Van uitstel kom afstel (procrastination is the thief of time). Daar is 24 uur in 'n dag. Ons gaan met vakansie Kaapstad toe. Vanaand gaan ons konsert toe. Vandag skyn die son warm. Daardie man sal vanaand weer hard snork. Verlede Saterdag het ek voetbal gespeel. Daardie arme kind is verstandelik vertraag. Volgende week moet ek 'n kursus bywoon. Hy staan vroeg op. 'n Week is 7 dae lank. Die huisvrou doen haar weeklikse inkopies. Ek weet nie wanneer ek jou sal kan besoek nie.

BESKRYWING VAN MENSE

My bure is baie aangenaam. Die dogter is baie aantreklik, maar haar kêrel is afstootlik met sy vuil lang baard. Die vrou lyk baie bleek. Sy lyk baie broos en glad nie gesond nie. Daardie dogter is baie bruin van kleur. Sy is so donker dat ek wonder of sy wit is. Met haar dun beentjies en ou geel trui lyk sy maar eenvoudig. Die seun is fris gebou en sy gesig lyk eerlik. Die ou man frons gedurig. Die klein meisietjie is baie fyn gebou. Ons bure is baie gaaf. Die ou man sit op die stoep met 'n geboë hoof. Daardie man is altyd deftig gekleed. Sy gelaatskleur is blosend. Dit was baie gemeen van jou om so 'n leuen te vertel. Daardie vrou is baie geset—ek dink sy weeg ten minste honderd kilogram. Hy eet baie gesond. Die man is mooi gespierd. Sy voorkop is diep geplooi. Sy het 'n nare gewoonte om op straat te rook. Die meisie glimlag altyd. Hy dra 'n goudmyn in sy mond. Sy lyk baie grasieus as sy hardloop. Die grys ou man se stem is hees. Hy is seker baie slim want hy is heeltemal kaalkop. Die klein baba dra nooit klere nie. Haar hare is kortgeknip en baie krullerig net soos 'n Bantoe s'n. Die nooientjie het n kuiltjie in haar wang. Daardie ou is lank en so lelik soos die nag. Haar ogies is lewendig. Sy is lig van kleur en so maer soos 'n kraai. Die kinders het slegte maniere. Hy sit mistroostig op die bankie en staar oor die see. Die meisie is mooi met 'n lieflike rooi mond. Sy neus lyk soos die Rots van Gibraltar. Haar tande is pragtig wit. Die seun se hele gesig is vol puisies. Sy gesig is rooierig soos die van 'n whisky-drinker. Die man is selfsugtig en wil nie hê ons moet van sy piesangs pluk nie. Hulle is snobisties en groet ons nie. Die man is songebrand en het sproete oor sy hele gesig. Hy het 'n growwe stem. Sy is tingerig, haar man slaan haar seker baie. Die vrou is trots op haar tuin. Hy het 'n paar bakore. Hy speel uitstekend rugby. In die motorongeluk is die seun vermink. Die groot vrou dra vlegsels soos 'n skooldogter. Hy het 'n breë voorkop. Daardie oë is altyd vonkelend. Sy werk vlytig in haar tuin. Die man dink hy is baie vernaam want hy praat nie met ons nie. Dis baie verstandig van jou om al daardie blomme uit te spit.

DIE NATUUR

Die toneel van die berg af is asemrowend. Die lug is bewolk. Die blare ritsel in die wind. Die hang van die berg is bosryk. Onder in die dal is 'n dammetjie met helder water. Die kinders speel op die sandduin. Die universiteit is op 'n eiland. Die grassaad wuif in die wind. Die gras is 'n groen tapyt. Die heide groei welig naby die see. In Natal is baie heuwels. In my tuin is 'n hoekie met mooi blomme. Die horison is rooi as die son ondergaan. Die skuitjie skuil in die inham. Die pad gaan oor daardie knop. Vanaf die koppie kan jy die hele wêreld daaronder sien. Die pad vleg kronkelend deur die klowe. Op die kruin van die berg is sneeu. Die landskap is vol kleure van verskillende blomme. Die wilgerbome vorm 'n laning al langs die pad. Dis lieflik om hier te sit tussen al die blomme. Die lower hang tot in die water. Die berg is majestueus met sy groen hange en hoë pieke. Onder aan die voet van die berg is 'n groot meer waarop die bootjies vaar. Die kleur van die dahlia is pienk. Die blomme op die skou is pragtig.

Na die reën was daar 'n pragtige reënboog in die lug. Die berg is reusagtig. Ek swem in die rivier by die riviermond. Die voëls sit op 'n hoë rots. Die see is hier baie rotsagtig. Onder in die vallei is dit skaduryk. Langs die skuinste van die berg groei baie proteas. Ons swem in die helder sonskyn. Bo teen die wand van die berg is 'n spelonk. Die stroompie water word 'n breë stroom waar die pad deur die spruit gaan. In die rivier is tamaai krokodille. Dit is 'n pragtige toneel. Ons het die toppunt van die berg bereik. Die uitsig oor die vallei is asemrowend. Varings groei dig onder in die kloof. Dit is verfrissend om soggens deur die veld te stap. Deur die vlei loop 'n voetpad waarlangs die beeste altyd huis toe stap. Die waterval dreun soos donderweer. Die groen gras is goeie weiding vir die skape. In die woestyn pomp 'n windmeul die water uit die grond uit. Die nimf van die woud is wonderskoon, maar net kinders word toegelaat om haar te sien.

BYWOORDE (Adverbs)

Ek staan **vroeg** in die môre op. Die sneltrein is altyd **laat**. Jan ken **nooit** sy les nie. Die trein ry **vinnig**. Die skilpad loop **stadig**. Ek kom **nou**. **Nou** en **dan** kry ons lekkers by Oupa. Ek sal gaan **wanneer** ek lus voel. Jy moet **onmiddellik** na die stasie toe gaan. Die man is **skielik** dood. Lank **gelede** het die meisies lang rokke

a23

gedra. Dit gebeur **selde** dat meisies advokate word. Het jy al **ooit** 'n perd met ses bene gesien? Ons borsel **daagliks** ons skoene. Die Afrikaanse koerant verskyn **weekliks**. Ek ontvang **maandeliks** my salaristjek. Ons moet **jaarliks** die motorlisensies hernu.

BYWOORDE VAN PLEK

Die boom staan **hier** in my tuin. **Daar** is die seun wat my appels gesteel het. **Waar** woon jy? Ek woon **waar** die wilde diere wei. Jy sien **orals** mense. Hier is **nêrens** water nie. Die vrugte is **volop** vanjaar. Hy woon **ver** anderkant die blou berge. Draai links en stap dan **vorentoe**. **Regs** van die boom is die geld begrawe. Hy skuil **agter** 'n hoë rots. Die man loop **voor** en sy vrou loop **agter** hom. Voorspelers moet altyd **vorentoe** speel. **Langsaan** ons huis is 'n oop stuk grond. Die stout kinders woon **oorkant** die straat en ons woon **duskant**. Daar **anderkant** staan die ou donkie onder die droë boom. Hy sit **bo-op** die tafel. Hy woon **by** die hoek van die dorp. Hy ry met sy bromponie **in** en **uit** by die waenhuis. Daar is 'n heining **rondom** die huis geplant. Die kinders hardloop **om** en **om** die huis. Ons kruip weg **tussen** die kiste.

BYWOORDE

Daar is min mense **by** die konsert. Ek ken baie van die mense wat **hier** woon. Dit is **duidelik** dat jy nie weet waarvan jy praat nie. Daardie seun vloek **lelik**. Die meisie praat **mooi** Afrikaans. Dit is **maklik** om Afrikaans te leer praat. Die woorde is nie **moeilik** om te onthou nie. Jy moet **regtig** probeer om elke dag Afrikaans te praat. Ek is **heeltemal tevrede** met sy vordering. Dit is **darem** lekker as 'n mens albei amptelike tale kan praat. Jy moenie so **baie** praat nie. Hy is **omtrent** 15 jaar oud. Daar is **omtrent** R20 in die beursie. Geld is baie **skaars** in ons huis. Dit is te **laat** om nou nog die trein te haal. Hy weet al **taamlik** baie van elektrisiteit af. Ek het **amper** die prys gewen. Daar was **byna** 'n lelike ongeluk. Ek kan **ook** Afrikaans praat. Daar is **werklik** baie kanse om die taal te leer. Is jy **waarlik** tevrede met jou vordering?

VOEGWOORDE (Conjunctions)

1. Die kerkdeur is toe, **want** dis Saterdag vandag. 2. Jan is groot, **maar** Annie is klein. 3. Sy ma is 'n vet vrou **en** sy pa is 'n skraal man. 4. Jy moet luister na jou ma **of** jy sal slae kry. 5. Hy eet al sy pap, **want** hy wil groot word.
1. Piet is 'n slim seun, **daarom** is hy eerste in sy klas. 2. Hy is baie ryk, **tog** is hy ongelukkig. 3. Hy het gaan swem **alhoewel** hy siek was. 4. Moenie baie vleis eet nie **anders** sal jy droom. 5. Hy is slim, **al** is hy nie mooi nie.

1. Hy speel in die eerste span, **al** is hy klein. 2. Hy speel in die eerste span **alhoewel** hy klein is. 3. Jy moet jou werk doen **anders** sal jy gestraf word. 4. Ek sal kom **as** jy ook kom. 5. Ek hou partytjie **daar** dit my verjaarsdag is. 6. Ek doen my werk **dan** gaan ek speel. 7. Die motor het gebreek **dus** is ek laat. 8. Jy kan gaan speel **mits** jy jou werk doen. 9. **Nog** Jan, **nog** Sarie is hier. 10. Hy is in die tronk, **omdat** hy gesteel het. 11. Hy is siek **sedert** hy hierheen gekom het. 12. Jy moet werk **tensy** jy wil druip. 13. Hy is klein **tog** is hy slim. 14. Hy is sterk **want** hy oefen baie.

TOE/DAN

1. Toe 2. dan 3. toe (daarna), toe (daarna), dan
4. dan 5. toe (nadat)

KEN/WEET

1. Ken 2. weet, ken 3. ken, weet
4. weet, weet, ken

HOU VAN (Like)

1. hou, te, om, te hou 2. hou van, te
3. hou, van, te 4. te, te
5. om te, te

DIE FIETS

1. Die speke word van staal gemaak. 2. Dis moeilik om op 'n fiets te balanseer. 3. Dis maklik om 'n fiets te parkeer. 4. Jy moet op die pedale trap. 5. Jy moet dadelik kan stilhou. 6. Die klokkie word gelui as daar gevaar kom.

EEKHORINKIES

1. Eekhorinkies woon in hol boomstamme of in neste in die bome. 2. Hulle naels is skerp om boom te klim en om in die grond te grawe. 3. Hulle soek kos in die herfs om dit vir die winter te bêre. 4. Hulle bêre die kos in boomstamme of in gate onder die grond. 5. Hulle eet akkers en neute. 6. Hulle sterte help hulle om vinnig van rigting te verander. 7. Die eekhorinkie is vaalbruin van kleur. 8. Honde, katte, voëltjies en visse is almal troeteldiere.

OESTYD OP 'n KORINGPLAAS

1. Koring word gewoonlik in November geoes. 2. Die snymasjien sny die koring. 3. 'n Dorsmasjien slaan die korrels uit die are. 4. 'n Baler bind die strooi in bale. 5. Beeste word met die strooi gevoer. 6. Koring word by 'n meul gemaal. 7. 'n Mens bak brood en koek met meel. 8. In die Westelike Provinsie groei baie koring.

OESTYD OP 'n SUIKERPLAAS

1. Suikerriet word vir 8 maande van die jaar geoes. 2. Suikerriet word met messe afgekap. 3. Die riete word met vragmotors of spoorwegtrokke vervoer. 4. Al die dooie, droë blare word afgebrand sodat die riet maklik gekap kan word. 5. Suikerriet word by die meul fyngepers. 6. Ru-suiker word geraffineer voordat ons dit eet.

KINDERS

1. Daar is drie seuns en drie dogters. 2. George is die jongste seun. 3. Gillian is die jongste dogter. 4. Adah, Louis en Elza is in die hoër skool. 5. Kinders hou 'n mens jonk. 6. As jy tweetalig is ken jy albei amptelike tale goed.

SALMS

1. Salms en vrouens beur altyd stroom op. 2. Ons sien hulle dikwels by keerwalle of watervalle. 3. 'n Salm het 'n silwerpienk kleur. 4. Die salm probeer teen die waterval uitspring. 5. Dis nie maklik om 'n salm te vang nie. 6. Salms is baie lekker visse.

DIE OESFEES

1. Die oesfees is gewoonlik in die lente. 2. Groente, vrugte en diere word kerk toe gebring. 3. Die mense is bly dat God hulle geseën het. 4. Hulle sing lofliedere. 5. Die meeste van die gemeentelede is boere. 6. Die produkte word verkoop of aan die arm mense gegee.

REKENKUNDE

1. Daar is twee honderd en drie cm. 2. Daar is drie pale. 3. 80 cm is onder die grond. 4. Elke paal weeg 50 025 g. 5. Die vierde som is onsinnig en net 'n swaap kan dit beantwoord. 6. (a) 6 m 9 cm; (b) 1 m 3 cm; (c) 200 kg 100 g.

VISSKUITE

1. Die klein skuitjie word 'n bakkie genoem. 2. Treilers gebruik nette om vis te vang. 3. Die skepe bewerk die vis net soos by 'n visfabriek. 4. Daar is altyd 'n klomp kleiner bote om die fabriekskip. 5. Skippie—skepies.

STEENKOOL

1. Steenkool is swart. 2. Steenkool neem duisende jare om te vorm. 3. Drukking en hitte help om steenkool te vorm. 4. Steenkool word onder die grond gedelf. 5. Steenkool verskaf krag in lokomotiewe en kragstasies.

RYS

1. In Sjina en Indië word baie rys geplant. 2. Die walle hou die water binne sodat die saad onder water is. 3. Osse trap die saad in die grond in. 4. Die plantjies staan dig opmekaar. 5. Die Bantoe in Suid-Afrika eet meesal mielies.

SKOTTELGOED WAS

1. Die bediende is nie by die huis nie. 2. Die kinders stry oor wie moet was, afdroog en wegpak. 3. Die koppies en pierings word eerste gewas want hulle is nie baie vuil nie. 4. Die potte en panne is die vuilste. 5. Die klein dogtertjie klim op 'n stoel. 6. Sy moet die skottelgoed wegpak.

TEEMAAK

1. Die skinkbord word reggepak terwyl die water in die ketel nog nie kook nie. 2. Die kookwater maak die teepot skoon en warm. 3. Ons gebruik 'n teelepel blare vir elke koppie tee. 4. Die tee moet eers trek om lekker sterk te word. 5. Ons drink tee uit 'n koppie wat in 'n piering staan.

IN DIE DORP

1. 'n Stad is groot en 'n dorp is klein. 2. By 'n winkel koop 'n mens klerasie, kruideniersware en speelgoed. 3. Die winkel is op Sondag toe. 4. Hulle sien hoe laat dit is op die kerkhorlosie. 5. As die kerkklok lui gaan die kerk begin. 6. Ons koop posseëls by die poskantoor. 7. 'n Slagter verkoop vleis. 8. Die kafee is op Sondag oop.

SPINNEKOPPE

1. Die tuinspinnekop woon in die tuin. 2. Hy spin sy web tussen struike en ander plante. 3. Die web is klewerig. 4. Die spinnekop het hakies aan sy bene. 5. Hy spin sy prooi toe. 6. As hy honger is eet hy sy prooi op.

DIE BROEIS HEN

1. 'n Hen hou op met eiers lê wanneer sy broeis is. 2. In die veld haal niemand die eiers uit nie. 3. Hoendereiers broei binne 3 weke uit. 4. 'n Broeis hen beskerm haar nes teen haar vyande. 5. Die hoenderhen neem die vreemde kuikens aan as haar eie.

ROBBE

1. 'n Soogdier laat haar kleintjies aan haar drink. 2. Robbe woon by die see. 3. Robbe het baie mooi velle waarvan damesjasse gemaak word. 4. 'n Rob roei met sy vinne wat ook sy bene is. 5. 'n Rob kan nie onder water asemhaal nie. 6. Robbe eet visse.

APE

1. Ape eet graag piesangs waarvan daar baie in Natal is. 2. Ape swaai aan hulle sterte. 3. Die wyfie dra haar kleintjie orals met haar saam. 4. Die apie klou aan sy ma se hare vas. 5. Die moeder vang goggas op die kleintjie. 6. 'n Klein aap kry slae of 'n knyp as hy stout is. 7. Troeteldier.

INSEKTE

1. 'n Insek het ses bene. As een afbreek bly daar vyf oor. 2. Vlieë, muskiete, bye en nog baie ander is insekte. 3. Daar is omtrent 'n driekwartmiljoen soorte insekte. 4. Bye steek seer en muskiete ook. 5. Vlieë moes sitte gewees het. 6. Warm lande het meer insekte as koue lande.

DIE DIERETUIN

1. As die diere nie in hokke was nie, sou hulle weghardloop. 2. Jy moet toegangsgeld by die hek betaal. 3. Ek glo nie die wilde diere hou van hulle hokke nie. 4. Ons kry ook voëls en visse by 'n dieretuin. 5. Die grootste dier wat ek ken, is 'n olifant. 6. Die leeu staan bekend as die koning van die diere.

DIE WILDTUIN

1. Ek verkies 'n wildtuin want die diere is nie ingehok nie. 2. In 'n wildtuin is diere vry. In 'n dieretuin is diere gevangenes. 3. Die Kruger-Wildtuin en die Etoshapan-Wildtuin is bekend. 4. Impalas, springbokke, duikers, steenbokke, ens. 5. Leeus, tiers en luiperds is roofdiere. 6. 'n Renoster het 'n horing op sy neus. 7. Die mense bly in kampe sodat die wilde diere hulle nie sal opeet nie.

KLERE

1. Diere het hare om hulle warm te hou. 2. Die oermense het klei en sappe aan hulle gesmeer. 3. Die eerste klere was van velle gemaak. 4. Mans het in die ou dae rokke gedra. 5. Meisies van vandag loop ook half kaal.

UILE

1. 'n Uil se ore lyk soos 'n kat s'n. 2. Die uil verskeur sy voedsel met sy skerp snawel. 3. Die uil vang sy prooi met sy kloue. 4. Uile eet muise en rotte. 5. Uile slaap bedags. 6. In die nag jag die uile. 7. Wanneer 'n uil skree word mense bygelowig.

OLIFANTE

1. Die olifant van Afrika is die grootste. 2. 'n Groot bul-olifant se massa is omtrent 5 ton. 3. Olifanttande bestaan uit ivoor. 4. Olifante kan nie goed sien nie. 5. Olifante vergeet nooit nie. 6. Olifante kan goed hoor. 7. Olifante het 'n fyn reuksintuig.

EGIPTE

1. Egipte is in Noord-Afrika. 2. Nasser was die regeerder van Egipte. 3. Die Nylrivier vloei deur Egipte. 4. As dit oorstroom bly daar baie vrugbare grond agter. 5. Die Sahara-Woestyn vorm 'n groot deel van Egipte. 6. Die piramides en die sfinks is wêreldberoemd.

TENNIS

1. Die wedstryd begin met die afslaan. 2. In die middel is 'n net. 3. Die bal word met 'n raket geslaan. 4. Dryfhoue, vlughoue en rughandhoue word geslaan. 5. 'n Soplepelhou is 'n skephou wat die bal die lug in stuur. 6. Hewitt en McMillan is beroemde spelers. 7. Moore en Drysdale speel beroepstennis.

KAMEELPERDE

1. Sy kop is sowat 6 meter van die grond af. 2. Hy het horings. 3. Sy voorbene is wyd uitmekaar uit. 4. Kameelperde eet graag blare bo in die toppe van die bome. 5. Sy vel is geelbruin van kleur met kolle. 6. Meisies sou graag die lang ooghare van kameelperde wou hê. 7. 'n Kameelperd kan goed sien en vinnig hardloop.

KOEIE

1. Om te herkou beteken om weer te kou. 2. Koeie gebruik hulle horings om hulle te beskerm. 3. Die koei se uier hang onder haar. 4. In die uier is melk. 5. 'n Mens trek die spene om melk te kry. 6. Afrikaners, Friese, Jerseys is bekende beessoorte. 7. Jerseys gee baie ryk melk. 8. 'n Kalfie suip aan sy ma.

REËN

1. Waterdamp word gevorm as die son op die water skyn. 2. Wolke is waterdamp en stof. 3. Ons eet almal plante, en plante het water nodig. 4. Die wolk word te swaar om sy water te hou. 5. Water is swaarder as waterdamp. 6. Warm lande waar baie damme en riviere is kry die meeste reën.

RUIMTESKEPE

1. Mars is 'n planeet. 2. Mense sal met 'n ruimteskip reis. 3. Die passasiers sit in die kapsule. 4. Die skip beweeg deur middel van vuurpyle. 5. Valskerms en tru-vuurpyle sal nodig wees. 6. Daar is nie suurstof op Mars nie. 7. Mars is verder van die son af as die Aarde.

VOLSTRUISE

1. Volstruise word in Suid-Afrika gevind. 2. Volstruise kan nie vlieg nie. 3. Hy kan tot 60 km/h hardloop. 4. Daar is twee tone aan elke voet. 5. Die dames dra volstruisveerjasse en -hoede. 6. Van die vel word handsakke en skoene gemaak. 7. Boesmans het krale daarvan gemaak en water in die doppe bewaar. 8. Daar is vier-en-twintig hoendereiers in 'n volstruiseier. 9. Biltong is droooggemaakte vleis.

HONDE

1. 'n Goeie vriend is lojaal en getrou. 2. Honde leer maklik om verskillende dinge te doen. 3. Honde word gebruik om verskillende dinge te doen. 3. Honde word gebruik om misdadigers te vang en om skares uitmekaar te jaag. 4. Oorlogshonde doen reddingswerk en dra boodskappe. 5. Snags pas ons honde ons huise op. 6. Hulle moet kos en slaapplek kry.

TEE

1. Die meeste mense drink tee. 2. Sjinese tee het 'n heerlike aroma. 3. Die land naby Ceylon is Indië. 4. Russiese tee is tee sonder melk, maar met suurlemoen daarin. 5. Tee behoort in ligte dun koppies bedien te word. 6. 'n Fynproewer wil die werklike smaak van tee toets. 7. Flou tee smaak na niks.

GAAR KOS

1. Die oermense het nog nie geweet hoe om vuur te maak nie. 2. Die boom het aan die brand geslaan. 3. Wilde diere is bang vir vuur. 4. Die bokkies kon nie vinnig genoeg vlug nie. 5. 'n Oermens, een van ons voorvaders, het die bokkie gevind. 6. Hy het die bokkie probeer optel en toe sy vingers afgelek. 7. Hy het van die smaak gehou. 8. Gaar vleis is sag en geurig.

HOUT

1. Die koue noordelike lande soos Swede en Kanada het baie houtbosse. 2. Bome word afgesaag en na die rivier toe gesleep. 3. Die boomstamme dryf af na die meul toe. 4. Papier word van die dun stamme gemaak. 5. Hulle maak meubels van die dik stamme. 6. Hout wat nat is trek skeef en krom.

TANDE BORSEL

1. (*a*) Hulle hou nie van die smaak nie. (*b*) Die tandepasta is te skerp. 2. 'n Mens koop tandepasta by 'n apteek of 'n winkel. 3. Vuil tande lyk lelik. 4. Dit laat 'n mens se asem sleg ruik. 5. Ou voedsel veroorsaak tandverrotting.

DIE KERK

1. Kerk word op Sondag gehou. 2. Die kerktoring kan van ver af gesien word. 3. Die gemeente sit op banke. 4. Die diakens samel die kollekte in. 5. Die ouderlinge doen huisbesoek saam met die predikant. 6. Die predikant preek. 7. Die kerkraad vergader in die konsistorie. 8. Die predikant woon in die pastorie. 9. Babas word in die kerk gedoop.

VOOR DIE EERSTE MENS

1. Die dier is eerste geskape. 2. Sommige diere was so groot soos 'n lokomotief. 3. Hulle bene word van tyd tot tyd opgegrawe. 4. Sand en modder het oor baie jare die bene bedek. 5. *Journey to the centre of the earth* vertel ons van die diere.

PIKKEWYNE

1. Pikkewyne se vlerke help hulle om te swem. 2. Hulle kan baie goed swem. 3. 'n Pikkewyn word tot 1 meter lank. 4. Hy stap soos 'n dronk man. 5. Sy nes word van klippe gemaak. 6. Die eiers word in 'n sak tussen die voete gehou. 7. Pikkewyne eet graag vis.

RIETDAKKE

1. In die Bantoegebiede vind ons die meeste rietdakke. 2. Die riet word aan dwarslatte vasgebind. 3. Die onderste deel word eers gedek. 4. 'n Dekspaan word gebruik. 5. In die somer is dit koel. 6. In die winter is dit warm. 7. Grasdakke kan maklik brand. 8. Dis 'n kuns om 'n dak te dek.

KULLERY

1. Oneerlik. 2. Skaalbakke met gom onderaan een van die bakke is gebruik. 3. Lengte is met stokke gemeet. 4. Kopergeld is blinkgemaak om soos goud te lyk. 5. Bakkers het deeg afgesny voor die brood in die oond in gaan. 6. Kruidenierswame is natgemaak om meer te weeg. 7. Wette is gemaak om kullery stop te sit. 8. Skale word gereeld getoets.

DIE HOSPITAAL

1. Siek mense is pasiënte. 2. Hulle verpleeg die siekes. 3. Hulle help siek mense om gesond te word. 4. Verpleegsters werk lang ure. 5. Pasiënte drink medisyne. 6. Koors word met 'n koorspen of termometer gemeet. 7. Jy voel jou hartklop by die pols. 8. Die tekening is 'n grafiek. 9. Die matrone is die hoof van 'n hospitaal. 10. Dr Barnard is 'n chirurg of snydokter.

VLERMUISE

1. 'n Vlermuis is eintlik 'n vlerk-muis — 'n muis met vlerke. 2. Hulle is blind en byna kaal. 3. Hulle vlieg snags rond. 4. Iets soos radar waarsku hulle. 5. Hulle maak 'n baie hoë piepgeluid. 6. Hulle slaap onderstebo. 7. Uile is hulle grootste vyande.

SY

1. In Sjina is baie sy. 2. Sywurms eet moerbeiblare. 3. Sy word van sellulose gemaak. 4. Die vloeistof kom by twee klein gaatjies onder die mond uit. 5. Die vloeistof word hard en vorm 'n sydraad. 6. Die bolletjie is 'n koekon. 7. In die fabriek word dit afgerol.

HUISE

1. Oermense het in grotte en gate gewoon. 2. Hulle het in bome of bosse geslaap. 3. Hulle het huise gebou om hulle teen wilde diere te beskerm. 4. Die eerste "huis" was 'n skuiling van takke. 5. Boesmans lewe nog soos oermense, sonder huise. 6. Rou stene is van klei gemaak. 7. Bakstene is rou kleistene wat in 'n oond gebak is.

PIESANGS

1. In Natal groei baie piesangs. 2. Ape hou baie van piesangs. 3. 'n Piesang moet eers afgeskil word. 4. Een bos piesangs groei aan elke boom. 5. Piesangs word gepluk as hulle groot genoeg uitgeswel het. 6. Die boom word afgekap. 7. Die nuwe boom groei uit die ou wortel uit. 8. 'n Piesangboom het groot plat blare.

WALVISSE

1. 'n Soogdier is 'n dier wat haar kleintjies aan haar laat suip. 2. Die walvis weeg ongeveer 60 ton. 3. Sy vet is tot 60 cm dik. 4. Die walvis haal met sy longe asem. 5. Hy blaas ou lug en water uit. 6. Dit word deur die neusgate uitgeblaas. 7. Walvisse word met harpoene gejag. 8. Aan die harpoen is 'n sterk staaldraad wat aan die boot vas is.

PIGMEË

1. Klein mensies is dwergies. 2. Pigmeë swerf deur die woude. 3. Hulle word omtrent 1,201 m lank. 4. Pigmeë eet vleis, wortels en bessies. 5. Hulle jag groot wilde diere soos olifante, leeus en tiers. 6. Hulle huise bestaan uit takke en blare. 7. Pigmeë jag met pyle en boë. 8. Hulle woon in die Kongo in Afrika.

JAN VAN RIEBEECK

1. *De Rijger, Drommedaris* en *De Goede Hoop* was die drie skepe. 2. Daar was min of meer 200 mense. 3. Hulle het op 6 April 1652 geland. 4. Hulle tuin het 26 akkers beslaan. 5. Die fort was hulle beskerming teen wilde diere. 6. Hulle het seekoeivleis en droë kos geëet. 7. Boesmans, Hottentotte en Strandlopers het hier gewoon.

HUISBOU

1. Eers moet jy 'n erf grond koop. 2. 'n Argitek teken die planne van geboue. 3. Die stadsraad keur die planne goed. 4. 'n Messelaar messel die bakstene opmekaar en maak die mure glad. 5. Skrynwerkers doen die houtwerk. 6. Die verwers verf die huis. 7. Geld word by bougenootskappe geleen.

SYFERS (Numbers)

1. 312 = Driehonderd en twaalf; 5 613 = Vyfduisend seshonderd en dertien; 8 888 = Agduisend aghonderd ag-en-tagtig; 44 = Vier-en-veertig; 8 842 346 = Ag miljoen aghonderd twee-en-veertigduisend driehonderd ses-en-veertig.
2. Een kwart plus een halwe plus drie sestiendes plus vyf agstes is een en nege sestiendes.

HET (to have)/WORD (to become) (is being)

Ek sal Maandag baie geld **hê**. Die meisie se hare het oornag grys **geword**. Ek **het** my bagasie op die stasie **gehad**. Die lied **word** deur die sopraan gesing. Appels **word** deur baie mense geëet.

a33

KRY (get, to have)

1. hê 2. kry. 3. hê 4. kry 5. kry.

DIE TELEFOON

"Is dit die hoofklerk wat praat?... Meneer, vir die afgelope drie weke is my vuilgoedblik nog nie leeggemaak nie.... Ek is nou siek en sat vir hierdie soort ding.... Verlede week het ek oor dieselfde saak gebel.... Nee, meneer, ek weet nie met wie nie.... Ek was die hele tyd tuis.... Ek was net vir 'n rukkie by my buurvrou.... Meneer, my vuilgoedblik is nie te groot nie, jou mense is net te lui", ens., ens., ens.

VLIEGTUIE

1. Die Wright-broers, Wilbur en Orville, het die eerste vliegtuig gebou. 2. 'n Sweeftuig het nie motore nie. 3. Daar was geen sitplekke nie, die loods moes plat lê. 4. Die vliegtuig is in 1903 gebou. 5. Daar is meer as 300 sitplekke. 6. Hy vlieg meer as 2 240 km/h. 7. Die vliegtuig het spuitmotore. 8. Hy kos meer as tweehonderdmiljoen rand.

DIE VERKLEURMANNETJIE

1. 'n Verkleurmannetjie is 'n reptiel. 2. Sy oë peul uit, is rond en kan in alle rigtings draai. 3. Hy eet graag vlieë. 4. Hy klou met sy voetjies om die takke vas. 5. Hy neem dieselfde kleur as sy omgewing aan. 6. Hy vang vlieë met sy tong. 7. Hy rol sy tong terug in sy mond. 8. Suutjies beteken saggies. Hy trap saggies as hy loop.

MIERE

1. Die mense en voertuie is baie klein. 2. 'n Mier het ses bene. 3. Die wyfies lê die eiers. 4. Die werkers (*a*) soek kos (*b*) voer die kleintjies (*c*) pas die nes op. 5. Die mannetjies is lui en werk nie juis nie. 6. Dit strek vanaf 15 meter onder die grond tot 4 meter bokant die grond. 7. Hulle word vanuit 'n vliegtuig met gif bespuit.

POTTEBAKKERY

1. Die meeste potte word vandag met masjiene gemaak. 2. Die eerste wiel is sowat 5 000 jaar gelede gebruik. 3. Die wiel word met die voet gedraai. 4. 'n Pottebakker gebruik sy hande en instrumente. 5. In 'n oond bak 'n mens brood, koek of klei. 6. As hulle vinnig bak, sal hulle kraak. 7. Pragtige patrone word daarop geverf.

PAPIER

1. Die oermense het met beitels op klippe "geskryf". 2. Papirus is 'n plant met breë blare wat in Egipte groei. 3. 'n Perkamentboek was 'n rol perkament. 4. Papier is in Sjina uitgevind. 5. Lap, gom en water is gekook, op 'n sif geplaas, en drooggemaak. 6. Papier word van houtpap gemaak. 7. Boeke neem baie minder plek op as rolle.

KAMELE

1. Die kameel is baie lelik. Ek weet nie van leliker diere nie. 2. Sy kop is groot, lank en skerp. 3. 'n Kameel is geelbruin of vuilbruin van kleur. 4. Kamele word in die woestyn gebruik. 5. Hy bewaar voedsel in sy boggel. 6. Sy pote is baie groot en plat. 7. Soms word hy die skip van die woestyn genoem. 8. 'n Kameel kan vir 9 dae sonder water bly.

aan	on, to, in, of, at	ape	apes, monkeys
aand	evening	apie	little ape, monkey
aandete	dinner	appelkoos	apricot
aandpak	dress suit	appelliefie	gooseberry
aangedryf	propelled	appels	apples
aangenaam	pleasant	applous	applause
aangename	pleasant	apteek	chemist (shop)
aangesien	seeing that	apteker	chemist (person)
aan kant	tidy, on side	arena	arena
aanname	acceptance	argitek	architect
aansluiting	junction	armband	armband
aantreklike	attractive	artisjok	artichoke
aanval	attack	as	if, when, as
aap	ape, monkey	askarryer	dustman
aar	vein	asem	breath
aarbei	strawberry	asemhaal	breathe
aardbol	globe	asemrowend	breath-taking
aarde	earth	asof	as if
aardryskunde	geography	aspaai (game)	I spy
aartappel	potato	aspersie	asparagus
abdy	abbey	asseblief	please
adamsappel	adam's apple	assistent	assistant
advokaat	advocate	assuransie	assurance
af	off	asyn	vinegar
afdak	lean-to	ateljee	studio
afgekap	chopped off	atlas	atlas
afgelek	licked off		
afgesaag	sawn off		
afgevuur	launched, fired		
afhanklik	dependent	baai	bathe
aflewer	deliver	baaibroek	bathing costume
afloop	drain off	baadjie	jacket
aflos	relieve	baan	track, field
afrigter	coach, trainer	baanblad	pitch
Afrika	Africa	baard	beard
afskrif	copy	bad	bath
afslaan	service	bad(s)kamer	bathroom
afslaer	auctioneer	bagasie	luggage
afstof	to dust	baie	many, much
afstootlik	repulsive	bak	bake
agste	eighth	bakker	baker
ag(t)	eight	bal	ball
agter	behind, after	baler	baler
agtien	eighteen	balans	balance
akker	acre	balanseer	to balance
akrobaat	acrobat	ballet	ballet
akteur	actor	ballon	balloon
aktrise	actress	balk	beam
al	all	bande	tyres
albaster	marble	bang	afraid, frightened
alhoewel	although	bank	bank
allerhande	all kinds of	Bantoe	Bantu
alles	everything	bas	bark, bass
almal	all	battery	battery
amandel	almond	beantwoord	answer
amateur	amateur	bed	bed
amper	almost	bedags	during the day
anders	otherwise, different	bedank	thank, decline
anker	anchor	beddegoed	bedding
antwoord	answer	bedding	bed (flower bed)

(i)

bedien	serve	blindederm	appendix
bediende	servant	blindemol	blind man's buff
bedkassie	bedside cabinet	blink	shine
bedoel	mean	bloed	blood
bedompig	close, stuffy	bloemiste	florist
bedruk	downhearted	bloes	blouse
beeldhouer	sculptor	blokke	blocks
been	bone, leg	blom	flower
beenskutte	pads (in cricket)	blomkool	cauliflower
beeste	cattle	blompot	vase
beesvleis	beef	bloots	bare
beet	beetroot	blou	blue
begin	begin	bly	pleased, glad
begrafnis-		blyspel	comedy
ondernemer	undertaker	bo	above
behoort	belong	boek	book
beken	admit	boekrak	bookshelf
beker	jug	boekverkoper	bookseller
bekken	pelvis	boer	farm (v), farmer
bel	ring (v)	Boesman	Bushman
beleef	courteous	bok	goat, buck
bemanning	crew	bollemakiesie	head over heels
bemesting	fertiliser	bome	trees
bêre	keep safe	boog	bow
berg	mountain	boei	buoy
berig	report	boom	tree
besem	broom	boomstam	tree trunk
besig	busy	boonop	in addition
besigheid	business	boontjie	bean
beskuit	biscuit	boor	drill
besluit	decide	boordjie	collar
besoek	visit	boot	boat
besoekers	visitors	bord	plate
bespreek	discuss, reserve	borsel	brush
besproei	irrigate	bors	chest
bestaan	exist, consist	borsspeld	brooch
beste	best	bos	bush
bestel	order	bosryk	overgrown
bestelling	order	bot	bud
bestuurder	manager	bottel	bottle
betrokke	overcast	botter	butter
beursie	purse	bou	build
bewaar	keep	boud	thigh
beweeg	move	bouvereniging	building society
bewolk	cloudy	braai	roast
bibliotekaris	librarian	braaivleis	roast meat
bier	beer	brand	burn
bind	bind	brander	wave
binder	binder	branderry	surfing
bioskoop	bioscope	bredie	goulash
bitter	bitter	brei	knit
blaar	leaf	brein	brain
Blankes	Whites	brekers	breakers
blare	leaves	brief	letter
blatjang	chutney	bries	breeze
bleek	pale	briewebus	letterbox
blêrkas	juke box	briljant	brilliant
blikkieskos	tinned food	bring	bring
bliksem	lightning	broei	breed
blind	blind	broeisel	brood

(ii)

broek	pants	*diens*	service
broeksak	trouser pocket	*diep*	deep
bronkors	watercress	*diere*	animals
brood	bread	*diertjies*	little animals
broos	fragile	*dieretuin*	game reserve
brouery	brewery	*diesel*	diesel
bruin	brown	*dig*	thick, watertight
buffer	bumper	*dik*	thick
buffet	sideboard	*diktee*	dictation
buitelyn	touch line	*dikwels*	often
bul	bull	*dink*	think
burger	citizen	*dis*	it is
bus	bus	*dit*	it
buustelyfie	bust-bodice	*doder*	killer
by	by, at	*doen*	do
		dokter	doctor
chirurg	surgeon	*dolosse*	knuckle-bones
		domkop	dunce
		dominee	reverend, preacher
daagliks	daily	*donderweer*	thunder
daar	there	*donker*	dark
daardie	that	*donkie*	donkey
daarna	thereafter	*dood*	dead
daarom	therefore	*dooie*	dead
daarvan	of, it, thereof	*dop*	tot
dadelik	immediately	*doppe*	shells, tots
dae	days	*dorsmasjien*	threshing machine
dag	day	*dosyn*	dozen
dagbreek	daybreak	*dra*	carry, wear
dal	valley	*draad*	wire
dale	valleys	*draai*	turn
dam	dam	*draaiorrel*	barrel organ
dambord	drafts	*drank*	drink
dame	lady	*driebeen*	three-legged
dammetjie	little dam	*driewiel*	tricycle
dan	then	*drif*	drift
dankie	thank you	*dink*	think
dans	dance	*driwwe*	drifts
danser	dancer	*droë*	dried
danseres	dancer (female)	*droog*	dry
dapper	brave	*drooggemaak*	dried
darem	really	*droogte*	drought
das	tie	*dronk*	drunk
dasspeld	tie-pin	*drom*	drum
deeg	dough	*druiwe*	grapes
deegroller	rolling-pin	*druk*	press
deel	divide	*drukker*	printer
deelteken	diaeresis	*drukking*	pressure
deeltjie	little part	*dryf*	drive
dek	to cover	*duidelik*	clear
dekspaan	thatching bat	*duik*	dive
dekstoel	deck chair	*duim*	thumb
dertien	thirteen	*duin*	dune
dertig	thirty	*dun*	thin
deur	door	*dus*	therefore
deurbring	spend	*duskant*	this side
deurdrenk	drenched	*duur*	expensive
deurloop	arcade	*dwarslat*	crossbar
diakens	deacons	*dwerg*	dwarf
die	the	*dy*	thigh

eekhorinkie	squirrel	gaar	cooked
een	one	gang	passage
eendag	one day	ganse	geese
eenmaal	once	gas	gas
eenvoudig	simple	gat	hole
eerder	before	geboorte	birth
eergister	the day before yesterday	gebou	building
		gebeur	happen
eers	firstly	gebruik	use
eerste	first	gedeel	divided
eet	eat	gee	give
eetlokaal	dining-room	geelwortel	carrot
eetkamer	dining-room	geland	landed
eeu	century	gelyk	level
eiland	island	gemaak	made
eier	egg	gemaalde	minced
eierplant	egg-fruit	gemagtig	empowered
ek	I	gemeet	measured
eksamen	examination	geniet	enjoyed
elektrisiën	electrician	genoeg	enough
elektrisiteit	electricity	gereeld	regularly
elf	eleven	gereent	rained
elmboog	elbow	gerf	sheaf
emmer	bucket	gerwe	sheaves
end	end	gesels	talk
ingenieur	engineer	gesig	face, sight
êrens	somewhere	geskei	divorced
erken	acknowledge	geskiedenis	history
ertjie	pea	geopen	opened
ete	meal	geskryf	wrote
		gespe	clasp
		gespeel	played
fabriek	factory	gety	tide
feetjie	fairy	gevang	caught
fel	severe	gholf	golf
fiets	bicycle	gister	yesterday
fietsryer	cyclist	gisteraand	last evening
film	film	gisternag	last night
fluit	to whistle	glad	smooth
fluitjie	whistle	glas	glass
fluks	diligent	glase	glasses
fluweel	velvet	gleuf	crevice
foeitog!	shame!	glo	believe
fooi	fee	gloeilamp	bulb (electric)
fontein	fountain	God	God
foon	phone	gode	gods
fop	cheat	godsdiens	devotion
foto	photo	goed	good
fotograaf	photographer	goedere	goods
framboos	raspberry	goeie	good (adj.)
Fries	Frisian	gooi	throw
fris	invigorating	gordel	belt
frokkie	vest	gort	barley
frons	frown	goud	gold
fyn	fine	goue	golden
fynproewer	connoisseur	graaf	spade
		graan	grain
		groei	grow
gaaf	kind, friendly	groen	green
gaan	go	groente	vegetables

groen uie	green onions	*hoepel*	hoop
groete	greetings	*hoër*	higher
grof	coarse	*hokke*	pens, kennels
grond	ground	*hokkie*	hockey
groot	big	*hol*	hollow
grootste	biggest	*hom*	him
grootvee	cattle	*hond*	dog
		honderd	hundred
		hoof	head
		hoog	high
haal	fetch	*hoogspring*	high jump
haar	her	*hooi*	hay
haarkapper	hairdresser	*hooimied*	haystack
haarkapster	hairdresser (female)	*hoop*	hope
hael	hail	*hoor*	hear
hak	heel	*hope*	heaps
half	half	*horison*	horizon
halt	stop	*horlosie*	watch
hand	hand	*horings*	horns
handel	trade	*hospitaal*	hospital
handwerk	handwork	*hostel*	hostel
handsak	handbag	*hou*	hold
handskoen	glove	*houe*	blows
hang	hang	*hout*	wood
hangleer	hanging ladder	*houtpap*	wood pulp
hardloop	run	*hou van*	like
hare	hair, hers	*huil*	cry
hark	rake	*huis*	house
hart	heart	*hulle*	they
hawer	oats	*humus*	humus, mould
heeltemaal	completely	*hut*	hut
heen	to	*huur*	hire
hees	hoarse	*hy*	he
heide	heather		
heining	hedge		
hek	gate		
helder	bright, clear	*in*	in
helfte	half	*ingang*	entrance
help	help	*ingelê*	preserved
hemde	shirts	*ingeskink*	poured in
hemp	shirt	*ingooi*	throw in
hen	hen	*inham*	bay, cove
here	gentlemen	*ink*	ink
herehuis	gentlemen's residence	*inligting*	information
herfs	autumn	*inrykafee*	drive-in café
herken	recognise	*insek*	insect
het	have, has	*iris*	iris
heuning	honey	*is*	is
heupe	hips		
heuwel	hill		
hier	here		
hierdie	this	*ja*	yes
hitte	heat	*jaag*	chase, race
hoe	how	*jaar*	year
hoë	high	*jaarliks*	annually
hoed	hat	*jaer*	racer
hoedemaakster	milliner	*jag*	hunt
hoederak	hat rack	*jakkals*	jackal
hoek	corner	*jammer*	sorry
hoender	chicken	*Januarie*	January

(v)

jas	coat	*kind*	child
jaste	coats	*kis*	box
jellie	jelly	*kla*	complain
jellievis	jelly-fish	*klaar*	finished
joggie	caddie	*klam*	clammy
jonk	young	*klandisie*	clients
jou	your	*klap*	crack
jukskei	jukskei (game)	*klapper*	coconut
julle	you (Pl.)	*klavier*	piano
juwelier	jeweller	*kleedkamer*	changing-room
jy	you	*klei*	clay
		klein	small
		kleingeld	change
		kleinhuisie	toilet
kaart	chart, map	*kleipotte*	clay vessels
kaarte	cards	*klere*	clothes
kaartjie	ticket	*klerekas*	wardrobe
kaas	cheese	*kleremaker*	tailor
kabinet	cabinet	*klerk*	clerk
kafee	café	*kleur*	colour
kakao	cocoa	*kleuterskool*	nursery school
kakebeen	jawbone	*klief*	cleave
kakies	British soldiers	*klier*	gland
kakkerlak	cockroach	*klim*	climb
kalender	calendar	*klimop*	creeper
kalf	calf	*klimplant*	climbing plant
kalk	lime	*klip*	stone
kalkoen	turkey	*klok*	bell
kalm	calm	*klokkie*	bell
kam	comb	*kloof*	ravine
kamaste	leggings	*klooster*	convent
kameel	camel	*klop*	knock
kameelperd	giraffe	*klots*	splash
kan	can	*kloue*	claws
kant	side	*klub*	club
kantien	canteen	*kneukels*	knuckles
kantman	flank-forward	*knie*	knee
kantoor	office	*knip*	cut
kap	chop	*knieskyf*	knee-cap
kapel	chapel	*knop*	hill
kapok	snow	*koei*	cow
kappie	bonnet	*koeistal*	cowshed
kar	car	*koek*	cake
karavaan	caravan	*koel*	cool
karnaval	carnival	*koelkas*	refrigerator
kas	cupboard	*koerente*	currants
kassier	cashier	*koffer*	case
kasteel	castle	*koffie*	coffee
kat	cat	*kok*	a cook
katedraal	cathedral	*kokosneut*	coconut
katoen	cotton	*kolf*	bat
keel	throat	*kolfbeurt*	innings
kelder	cellar	*kollege*	college
ken	chin, know	*kolwer*	batsman
kerf	notch	*kom*	come
kerk	church	*kombers*	blanket
kermis	fête	*kombuis*	kitchen
kersie	cherry	*komkommer*	cucumber
Kersfees	Christmas	*komieklik*	comical
ketel	kettle	*kompartement*	compartment

kompas	compass	laagwater	low tide
kondukteur	conductor	laaste	last
koning	king	laai	drawer
kontant	cash	laat	late
konsert	concert	laat	leave, let
konsul	consul	lag	laugh
konsistorie	consistory	lak	tackle
kooi	bed	laken	sheet
kook	cook	lam	lamb
kool	cabbage	lamp	lamp
koop	buy	land	country, field
koor	choir	landdros	magistrate
koors	fever, temperature	landskap	landscape
koppie	cup	lang	long
koppie	hill	langbroek	slacks
kopskoot	direct hit	langsaam	slowly
kopvel	scalp	langsaan	next to, adjacent
koring	wheat	laning	lane
korrek	correct	lank	long
korrels	grains	lat	lath
kort	short	later	later
kortgeknip	cut short	lap	cloth
kos	food	lê	lie
koshuis	hostel	leeg	empty
kotelet	chop	leer	learn
koud	cold	leerling	pupil
kouse	stockings	lees	read
kraai	crow	legkaart	jigsaw puzzle
kraak	crack	lei	lead
kraampie	stall	leier	leader
krap	crab	lekker	nice
kreef	crayfish	lelik	ugly
kring	ring	lemoen	orange
kronkelend	winding	lening	loan
kropslaai	lettuce	lente	spring
krot	hovel	lepel	spoon
kruidenierswares	groceries	les	lesson
kruie	spices	letter	letter
kruin	crest	lewe	live
kruising	crossroad	lewendig	alive, lively
kruiwa	wheelbarrow	lewer	liver
krullerig	curly	lieflik	lovely
kry	get	lief vir	like, love
kryt	chalk	liewelings-	
kuier	visit	persoon	loved one
kuiken	chicken	lig	light
kuns	art	links	left
kunsgalery	art gallery	linnekas	linen cupboard
kunstenaar	artist	lint	ribbon
kus	coast	loflied	song of praise
kussing	cushion	lojaal	loyal
kwaad	cross, angry	lokomotief	locomotive
kwart	quart	long	lung
kwartaal	quarter	loodgieter	plumber
kwas	brush	loods	pilot
kweek	grow	loop	walk
kweekhuis	hot-house	loslopie	bye
kweper	quince	lower	foliage
kyk	look	ludo	ludo
kyk na	look at	lug	air

luister	listen	*middag*	midday
ly	suffer	*middagete*	lunch
lyfband	belt	*middel*	middle
lyk na	look like	*middellyf*	waist
lyn	line	*middernag*	midnight
		mielie	mealie
		mier	ant
		mierkolonie	ant colony
ma	mother	*min*	little
maal	grind	*minder*	less
maak	make	*minister*	minister
maan	moon	*minute*	minutes
maand	month	*minuut*	minute
maandeliks	monthly	*mis*	manure, mist, fog
maar	but	*mislei*	mislead
maat	mate	*mishandel*	ill treat
maatskappy	company	*mistroostig*	downcast
macaroni	macaroni	*modemaakster*	dressmaker
maer	lean	*modern*	modern
majestueus	majestic	*moeder*	mother
mak	tame	*moeilik*	difficult
makriel	mackerel	*moenie*	don't
maklik	easy	*moet*	must
man	man	*mond*	mouth
mandjie	basket	*mooi*	pretty
mangels	tonsils	*môre*	morning, tomorrow
maniere	manners	*môreson*	morning sun
manne	men	*mossels*	mussels
mannetjie	male	*mosterd*	mustard
mans	men	*motor*	motor
mansjetknoop	cuff-links	*motorfiets*	motor-bike
margarine	margarine	*motorhuis*	garage
mark	market	*mou*	sleeve
masjien	machine	*mus*	cap
masjienis	machinist	*museum*	museum
matig	temperate	*musiek*	music
matras	mattress	*muis*	mouse
matrone	matron	*murggroente*	marrow
matroos	sailor	*muur*	wall
medisyne	medicine	*my*	mine
meel	flour	*my*	me
meer	more	*myl*	mile
meeste	most	*myn*	mine
meet	measure	*myne*	mine
meeu	gull		
Mei	May		
meid	maid		
meisie	girl	*'n*	a, an
melk	milk	*na*	towards, after
melkery	dairy	*naai*	sew
meng	mix	*naald*	needle
mense	people	*naaldwerk*	needlework
merk	mark	*naam*	name
mes	knife	*naaste*	nearest
messelaar	mason	*naat*	seam
met	with	*naby*	near
meteens	suddenly	*nadeel*	disadvantage
meubels	furniture	*nael*	nail
meul	mill	*naelborsel*	nail brush
meulenaar	miller	*naelloper*	sprinter

nag	night
nagrok	nightdress
namiddag	afternoon
nar	clown
nat	wet
naturel	native
natuur	nature
natuurlik	natural
naweek	weekend-
nee	no
neem	take
nek	neck
nêrens	nowhere
nes	nest, alike
net	just
netjies	neat
net soos	just like
nette	nets
neus	nose
neusgat	nostril
nie	not
nier	kidney
nôi	madam
nommer	number
nooi	girlfriend
noord	north
nooit	never
nou	now
nou en dan	now and then
nul	nought
nuusagentskap	newsagency
oë	eyes
oermense	prehistoric men
oes	harvest
oggend	morning
okkerneut	walnut
olifant	elephant
om	about, around
omroeper	announcer
onaangenaam	unpleasant
onder	under
onderbaadjie	waistcoat
ondergronds	underground
onderrok	petticoat
ondersoeker	examiner
onderwyser	teacher
ongestadig	unstable
onkant	off side
ontken	deny
onkruid	weed
onlangs	recently
onmiddellik	immediately
ons	ours, we
onstuimig	stormy
ontbind	dissolve, vacate
ontdek	discover
ontdekker	discoverer
ontslaan	release, sack, discharge
ontvang	receive
ontvoer	kidnap
oog	eye
oogappel	eye ball
ooghare	eyelashes
ooglede	eyelids
ooi	ewe
ooit	ever
ook	also
oom	uncle
oomblik	moment
oond	oven
oop	open
oord	place
oor	above, over
oor	ear
oorjas	overcoat
oorkant	other side
oorklim	change (trains)
oorlog	war
oormôre	day after tomorrow
oorpak	overall
oos	east
op	on
ophou	stop (doing)
opkom	rise (sun)
opmaak	make (bed)
oprol	roll up
opsigter	overseer, caretaker
opstaan	get up, rise
opsteek	light
opstel	essay
optel	add
optree	perform
orals	everywhere
orkaan	hurricane
orkes	orchestra
orrel	organ
os	ox
otjie	pig
ou	old
oud	old
ouderdom	age
oulik	likable, cute
paaie	roads
paal	pole
paar	pair
Paasfees	Easter
pad	road
pajamas	pyjamas
pakkamer	store room
pakkette	parcels
pakkie	parcel
pale	poles
palm	palm

pan	pan	*potlode*	pencils
pantoffels	slippers	*potte*	pots
pap	pulp, porridge	*pouse*	pause
papnat	soaking wet	*pragtig*	pretty
papier	paper	*predikant*	parson
park	park	*prent*	picture
parkeer	to park	*president*	president
party	party	*prinsipaal*	principal
partytjie	party	*probeer*	try
pas op	look after (out)	*probleem*	problem
passasier	passenger	*produkte*	products
passies	steps	*professioneel*	professional
pastei	pie	*prokureur*	attorney
pastorie	parsonage	*pruim*	plum
pedale	pedals	*prys*	price
pen	pen	*puisies*	pimples
pensioen	pension	*punte*	points
peper	pepper	*pyl*	arrow
per	by	*pyltjie*	dart
perd	horse	*pyn*	pain
periode	period	*pynappel*	pineapple
perron	platform	*pypkan*	dodge
perske	peach		
persoon	person		
pes	pest		
pet	cap	*raad*	advice, council
petrol	petrol	*raaisel*	puzzle
pietersielie	parsley	*raak*	touch, hit
piek	apex	*raap*	turnip
pienk	pink	*radio*	radio
piering	saucer	*radys*	radish
piesang	banana	*rak*	shelf
Pigmee	Pygmy	*raket*	racquet
pikkewyn	penguin	*rand*	border
pit	pip	*rangeer*	shunt
plaatopname	recording	*rapport*	report
plafon	ceiling	*rasper*	rasp
plant	plant	*red*	save
platespeler	record player	*reddingsboot*	lifeboat
plavei	paving	*reddingswerk*	lifesaving
ploeg	plough	*rede*	reason
pluimvee	poultry	*reeds*	already
poeding	pudding	*reël*	arrange
poel	pool	*reën*	rain
poenskop	hornless (cattle)	*reënboog*	rainbow
poleerder	polisher	*reënjas*	raincoat
polisie	police	*reent*	rain
politoer	polish	*reg*	right
pomp	pump	*register*	register
pond	pound	*regs*	right
poot	foot (animal)	*regter*	judge
pop	doll	*reis*	journey
portaal	porch	*reisgeld*	fare
pos	post	*rekening*	account
posbode	postman	*rekord*	record
poskantoor	post office	*remme*	brakes
posorders	postal orders	*renbaan*	race-course
posseëls	postage stamps	*rente*	rate, interest
pot	pot	*renoster*	rhinoceros
potlood	pencil	*reserwe*	reserve

(x)

retoer	return	sale	halls
reusagtig	gigantic	salm	salmon
rib	rib	salon	salon
riet	cane	sand	sand
ring	ring	sandale	sandals
rivier	river	sang	singing
riviermond	river-mouth	sanger	singer
rob	seal	sê	say
roebarb	rhubarb	sebra	zebra
roei	row	sedert	since
roeispaan	oar	seebamboes	sea-bamboo
roep	call	seëls	stamps
roepstem	voice, call	seep	soap
roer	stir	seer	painful
roer	old gun	seestêr	starfish
roereiers	scrambled eggs	seewier	seaweed
roete	route	seil	sail
rok	dress	seisoen	season
roker	smoker	sekonde	second
rol	roll	sekretaris	secretary
roller	roller	seks	sex
rolletjie	roll	sekuriteit	security
romp	skirt	selery	celery
rond	round	selde	seldom
rondte	round	selfsugtig	selfish
rondom	around	sellulose	cellulose
rooi	red	sening	sinew
rooierig	reddish	sens	scythe
roofdier	beast of prey	senuwees	nerves
rook	smoke	serp	scarf
room	cream	ses	six
rooster	grill	sestien	sixteen
roosterbrood	toast	sestig	sixty
rot	rat	seun	boy
rots	rock	sfinks	sphinx
rotstuin	rockery	siek	sick
ruggraat	spine	siekte	sickness
ruik	smell	sien	see
ruimte	space	siens	see again
ruimteskip	space-ship	sigorei	chicory
rukwind	gust	silwer	silver
rus	rest	sin	sentence
rusbank	couch	sing	sing
rustyd	interval	sinjaal	signal
ry	ride	sink	sink
ryk	rich	sinker	sinker
ryp	ripe, frost	sirkus	circus
rys	rice	sit	sit
		sitkamer	lounge
		sjaal	shawl
		sjef	chef
saad	seed	sjerrie	sherry
saag	saw	sjeik	sheik
saagsels	sawdust	Sjinese	Chinese
saal	hall, saddle	skaal	scale
saals	saddles	skaam	ashamed, shy
sak	lower	skaaphond	sheepdog
sak	bag, sack	skaapvleis	mutton
sakdoek	handkerchief	skaars	scarce
sal	shall, will	skaduryk	shady

skakelaar	switch	*sleep*	drag
skedel	skull	*sleg*	bad
skeen	shin	*slegte*	bad
skeer	shave	*slenterbroek*	slacks
skeidsregter	referee	*slim*	clever
skelm	sly	*sloot*	furrow
skemer	dusk	*sluier*	veil
skep	scoop	*smaak*	taste
skepe	ships	*smaakloos*	tasteless
skêr	scissors	*smelt*	melt
skerm	shade	*smid*	smith
skerp	sharp	*sneeu*	snow
skeur	tear	*snel*	fast
skielik	suddenly	*sneltrein*	express train
skiet	shoot	*snobisties*	snobbish
skil	peel	*snoei*	prune
skink	pour	*snor*	moustache
skoene	shoes	*sny*	cut
skoenmaker	shoemaker	*snydokter*	surgeon
skoffel	hoe	*snymasjien*	harvester
skolier	scholar	*so*	so
skool	school	*soek*	seek
skoolhoof	principal	*soen*	kiss
skoon	clean	*soet*	sweet
skoonmaker	cleaner	*sofa*	settee
skoorsteen	chimney	*sog*	sow
skorsie	squash	*sokkie*	sock
skottel	basin	*soldate*	soldiers
skottelgoed	eating utensils	*solo*	solo
skou	show	*somer*	summer
skouer	shoulder	*sommige*	some
skree	shout	*somtyds*	sometimes
skrikkeljaar	leap year	*Sondag*	Sunday
skrif	writing	*songebrand*	suntanned
skrop	scrub	*sonhuis*	sun-room
skrum	scrum	*sonlig*	sunlight
skryf	write	*sonnig*	sunny
skryftafel	writing-desk	*sononder*	sunset
skrynwerker	carpenter	*sonop*	sunrise
skrywer	writer	*sonskyn*	sunshine
skub	scale	*sonsteek*	sunburn
skuim	foam	*soogdiere*	mammals
skuinste	slope	*sool*	sole
skuit	boat	*soort*	kind
skulpe	shells	*sop*	soup
skuur	barn	*soplepel*	soupspoon
skyfies	chips	*sôre*	care for
skyfskiet	target-shooting	*sorg*	care for
skyn	shine	*sou*	should
slaai	lettuce, salad	*sous*	sauce
slaan	hit	*sout*	salt
slaap	sleep	*sowel as*	as well as
slaapbank	bunk	*spaar*	save
slaapkamer	bedroom	*span*	team
slaappak	pyjamas	*spandeer*	spend
slag	slaughter	*speel*	play
slagaar	artery	*speelgrond*	playground
slagter	butcher	*spek*	bacon
slakke	snails	*spel*	game
slape	temples	*speler*	player

spelonk	cave	*suiker*	sugar
spens	pantry	*sulke*	such
speurder	detective	*supermark*	supermarket
spieël	mirror	*suurlemoen*	lemon
spier	muscle	*suurstof*	oxygen
spinasie	spinach	*swaai*	swing
spinnekop	spider	*swaap*	fool
spoed	speed	*swaar*	heavy
spoel	rinse	*swape*	fools
spook	ghost	*swartbord*	blackboard
spoorlyn	railway line	*sweep*	whip
spoorweg	railway	*swem*	swim
sproete	freckles	*swemmer*	swimmer
spruit	stream	*Switsers*	Swiss
spruitkool	sprouts	*sy*	silk, she
spysenier	caterer	*syfers*	figures
spyt	sorry	*sylyn*	siding
staanplek	stand	*syne*	his
stadig	slow		
stadsraad	town council		
stadsaal	town hall		
stal	stable	*taai*	tough, sticky
stapel	heap	*taamlik*	fairly
stapelvoedsel	staple diet	*tafel*	table
stasie	station	*tafel dek*	lay the table
steenkool	coal	*tafeldoek*	table-cloth
steek	stab, stick	*tamaai*	huge
steek	sting	*tamatie*	tomato
stem	voice, vote	*tand*	tooth
stene	bricks	*tandarts*	dentist
ster	star	*tandepasta*	toothpaste
sterk	strong	*tandvleis*	gums
stewels	boots	*tapyt*	carpet
stilbly	keep quiet	*teater*	theatre
stilhou	a car stop	*te*	too
stiptelik	punctual	*tee*	tea
stof	dust	*teenwoordig*	present
stoflap	dustcloth	*teepot*	teapot
stofsuier	vacuum cleaner	*teeservies*	teaset
stok	stick	*teken*	draw
stoker	stoker	*tel*	count
stomp	stump, blunt	*telefoon*	telephone
stoof	stove	*telegram*	telegram
stoom	steam	*teller*	teller
stoot	push	*telling*	score
stootkar	pushcart	*tel op*	pick up, add
storm	storm, rush	*tenk*	tank
stormwind	storm wind	*tennis*	tennis
stort	spill	*tent*	tent
straat	street	*terminus*	terminus
strafskop	penalty	*tert*	tart
strale	rays	*terug*	back
strandbal	beach ball	*tiemie*	thyme
strooi	straw	*tier*	tiger
stroomop	upstream	*tikster*	typist
stroompie	streamlet	*tingerig*	delicate
studeerkamer	study	*tjank*	howl
stuur	send	*tjek*	cheque
stysel	starch	*tjello*	cello
suid	south	*tob*	worry

(xiii)

toe	when	*vallei*	valley
toebroodjie	sandwich	*vanaand*	tonight
toedraai	wrap	*vandag*	today
toegang	admission	*vang*	catch
toemaak	close	*vanmiddag*	this afternoon
tog	nevertheless	*vanmôre*	this morning
toilet	toilet	*vannag*	tonight
tol	top	*vanoggend*	this morning
tone	toes	*varings*	ferns
toneel	view	*varkhok*	pigsty
tong	tongue	*vars*	fresh
toon	toe	*vas*	tight
toonbank	counter	*vasgemaak*	fastened
toonkas	display counter	*vee*	cattle
toppunt	top, apex	*veer*	feather, spring
tot	till, to	*veertien*	fourteen
totdat	until	*veertig*	forty
tou	rope	*veg*	fight
touspring	skipping	*veilig*	safe
toutrek	tug-of-war	*veiligheidsnet*	safety net
towenaar	magician	*vel*	skin
trap	step, tread	*velskoen*	velskoen
trek	pull	*vennoot*	partner
troffel	trowel	*venster*	window
trog	trough	*ver*	far
trok	truck	*verander*	change
trompet	trumpet	*verdedig*	defend
trots	proud	*verestoffer*	feather-duster
trui	jersey	*verf*	paint
tuin	garden	*verfrissend*	refreshing
twaalf	twelve	*vergeet*	forget
tweede	second	*verheerlik*	praise
twintig	twenty	*verhemelte*	palate
		verhoog	stage
		verjaarsdag	birthday
		verkeerd	wrong
		verklaar	declare
u	you, thee, thou	*verkleur-*	chameleon
ui	onion	*mannetjie*	
uier	udder	*verkoeler*	radiator
uil	owl	*verkoop*	sell
uit	out	*verkoper*	seller
uitasem	breathe out, out of breath	*verlang na*	long for
		verlede	last, past
uitblaas	blow out	*verloor*	lose
uitdeel	divide among	*verminder*	decrease
uitgaan	go out	*vermink*	crippled
uitpeul	bulge	*vernaam*	important
uitsaai	broadcast	*verrig*	do
uitsig	view	*verrot*	rot
uittrek	pull out	*verpleegster*	nurse
uniform	uniform	*verpleër*	male nurse
uur	hour	*versierder*	decorator
uwe	yours	*verskeidenheid*	variety
		verskil	differ
		verskoon	pardon
		verstaan	understand
vader	father	*vertaal*	translate
vakansie	holiday	*vertoon*	display
val	fall	*vertraag*	delay

vertrek	depart, room	*voorskoot*	apron
vervoer	transport	*voorspeler*	forward
verwag	expect	*vra*	ask
verwer	painter	*vraag*	question
vet	fat	*vrag*	load
veters	laces	*vriendelik*	friendly
vetkryt	crayon	*vroeg*	early
vier	four	*vrou*	woman
vind	find	*vroue*	women
vinger	finger	*vrouens*	women
vingerhoed	thimble	*vroulik*	feminine
vinne	fins	*vrugte*	fruit
vinnig	fast	*Vrydag*	Friday
vir	for	*vuil*	dirty
vis	fish	*vuilgoed*	rubbish, dirt
visser	fisherman	*vuis*	fist
visstok	fishing-rod	*askarryer*	dustman
visvang	fish	*vulsel*	filling
vla	custard	*vurk*	fork
vlag	flag	*vuur*	fire
vlak	shallow	*vuurherd*	hearth
vlegsels	plaits	*vuurpyl*	rocket
vlei	marsh	*vuurtoring*	lighthouse
vleis	meat	*vuurwerk*	fireworks
vlerk	wing	*vyand*	enemy
vlermuis	bat	*vyf*	five
vlieg	fly	*vyftien*	fifteen
vliegtuig	aeroplane	*vyftig*	fifty
vloed	flood		
vloer	floor		
vlokkies	flakes		
vloot	navy	*wa*	wagon
vlug	flee	*waai*	blow
vlytig	diligent	*waaier*	fan
voedsel	food	*waar*	where
voel	feel	*waarheen*	where to
voëlsaad	bird seed	*waarheid*	truth
voëlverskrikker	scarecrow	*waarlik*	really
voer	fodder	*waarom*	why
voet	foot	*waarsku*	warn
voetbal	football	*waarvan*	of what
voetpad	footpath	*waarvoor*	for what
vol	full	*waatlemoen*	watermelon
voldaan	receipt	*waenhuis*	garage
volgende	next	*wag*	wait
volk	nation	*wakker*	awake
volkies	labourers	*wal*	embankment
volkshuise	Coloured's house	*walvis*	whale
volkslied	anthem	*wand*	wall
volksliedjie	folksong	*wang*	cheek
volstruis	ostrich	*wanneer*	when
vonkelend	sparkling	*want*	because
voor	before, furrow	*warm*	hot, warm
voorarm	forearm	*warrelwind*	whirlwind
voordat	before	*was*	wax, wash
voorkamer	lounge	*wasbak*	washbasin
voorkop	forehead	*waskamer*	washroom
voorouers	ancestors	*waslap*	face-cloth
voorportaal	hall	*wasmodel*	wax model
voorraad	supply	*wat*	what

water	water	*winkelier*	shopkeeper
waterkan	watering-can	*wins*	profit
watertenk	watertank	*winskopie*	bargain
waterval	waterfall	*winter*	winter
watter	which	*wipplank*	seesaw
web	web	*wissel*	change
weeg	weigh	*woed*	rage
week	week	*woel*	move
weekliks	weekly	*woestyn*	desert
weer	weather, again	*wol*	wool
weerhaan	weathercock	*wolf*	wolf
weet	know	*wolke*	clouds
weg	way, away	*wonderskoon*	beautiful
wei	graze	*woning*	home
weiding	grazing	*woonplek*	home
weke	weeks	*woonstel*	flat
wêreld	world	*woord*	word
werf	yard	*wors*	sausage
werk	work	*wortel*	root
werklik	really	*woud*	forest
werkplek	workplace	*wrak*	wreck
werksvolk	labourers	*wyk*	vicinity, area
werktuigkundige	mechanic	*wyn*	wine
werpskyf	discus	*wys*	show
wens	wish		
wes	west		
wie	who		
wiel	wheel	*ydel*	vain
wil	want to	*ys*	ice
wilde	wild	*yskoud*	ice-cold
wind	wind	*yslik*	enormous
windbuks	airgun	*yster*	iron
winderig	windy		
windmeul	windmill		
winkbroue	eyebrows		
winkel	shop	*Zoeloe*	Zulu

NOTES

NOTES

NOTES

NOTES